# Il faut *bien* vivre !

Outre de nombreux textes inédits, ce livre contient une sélection de textes, remaniés, tirés des livres suivants (publiés chez Novalis et maintenant épuisés) : **Vivre sa vie... jusqu'au bout ! Aimer... jusqu'au bout de son coeur !** et **Les petits pas de Dieu.**

L'auteur tient également à remercier cordialement la **Revue Notre-Dame-du-Cap** pour avoir gracieusement autorisé la publication de textes, retouchés, parus préalablement dans la Revue.

Jules Beaulac

# Il faut *bien* vivre !

Sciences et Culture

Conception de la couverture: ZAPP
Photographie de la couverture: Jules Beaulac


Tous droits réservés pour l'édition française au Canada
© *Éditions Sciences et Culture Inc., 1994*

Dépôt légal: 4e trimestre 1994
Bibliothèque nationale du Québec
Bibliothèque nationale du Canada

ISBN  2-89092-172-7

 **Éditions Sciences et Culture**
5090, rue de Bellechasse, Montréal
(Québec) Canada H1T 2A2
**(514) 253-0403**    Fax: (514) 256-5078

Imprimé au Canada

À toutes les personnes
qui cherchent à **bien** vivre
et particulièrement
à celles qui ont du mal à vivre.

La vie est une mosaïque,
parfois un casse-tête,
parfois un diamant,
souvent un cadeau...


La vie,
c'est plein de Dieu dedans !

# Prélude

*Il faut **bien** vivre !*
*Nous n'avons pas le choix !*
*La vie nous est donnée*
*pour que nous l'assumions.*
*Quoi qu'il arrive,*
*elle continue sa route*
*et nous entraîne dans son courant*
*comme l'eau d'un grand fleuve.*

*Il faut **bien** vivre !*
*C'est pour cela que nous travaillons,*
*que nous nous démenons*
*de tant de manières :*
*nous voulons non seulement survivre*
*mais vivre.*

*Il faut **bien** vivre !*
*Nous essayons le plus et le mieux possible*
*de nous aimer, de nous respecter, de nous aider.*
*Nous enfilons les jours*
*dans le collier de nos existences,*
*pour que le bien l'emporte sur le mal,*
*la vérité sur le mensonge,*
*l'amour sur la haine,*
*pour que le collier soit le plus beau possible.*

*Il faut **bien** vivre !*
*Ce livre essaie de le dire*
*sans prétentions.*
*Puisse-t-il*
*vous apporter lumière, réconfort et paix,*
*pour que non seulement*
*votre vie soit une suite de jours, de mois et d'années,*
*mais surtout*
*pour qu'elle vous soit bonne et heureuse !*

*Bonne lecture !*

*L'Auteur*

# 1

# Des gens comme vous et moi

**Les gens ordinaires
sont extraordinaires !**

Je voudrais raconter
la beauté des gens ordinaires
et la grandeur de leur vie
au quotidien.

Je voudrais montrer
le merveilleux des gestes simples
et l'extraordinaire de l'amour
de tous les jours.

Je voudrais dire la tendresse de Dieu
au coeur des humains
et chanter sa bonté
au bout de leurs mains.

Je voudrais redire l'amour de Dieu
sur tous les chemins de nos vies
et redécouvrir cet amour
à l'oeuvre au coeur de tant de gens.

Je voudrais cueillir l'Évangile du Seigneur
dans le coeur des humains
comme on cueille les marguerites
au bord de la route,
comme on s'abreuve à l'eau de la source
au détour du sentier,
comme on se dore au soleil
sur les sables chauds de la mer.

Je voudrais contempler
les gens de tous les jours
et Dieu à travers eux....
Et le dire aux autres.

# Vanessa

*La plus grande peur d'un enfant,*
*c'est de ne pas avoir sa mère*
*près de lui.*

Jean Coutu

Vanessa est bien contente aujourd'hui.
Pour la première fois,
sa maman l'a amenée avec elle
magasiner au centre d'achats.
Ça faisait longtemps que Vanessa
demandait cette récompense à sa maman :
« J'ai cinq ans,
je suis bien assez grande
pour aller faire les commissions avec toi ! »

Vanessa est entrée avec sa maman
dans un immense magasin à rayons.
Elle n'a pas assez d'yeux pour tout voir.
Sans trop s'en apercevoir,
pendant que sa maman était occupée
à choisir des vêtements,
elle s'est éloignée,
attirée par le rayon des jouets.

Subitement,
elle se rend compte qu'elle est toute seule,
et surtout qu'elle ne voit plus sa maman.
Elle se met à crier bien fort :
« Maman, maman ! »
Les gens se retournent pour voir
cette petite orpheline bien en peine.

Maman, qui a entendu comme tout le monde,
les cris de sa petite fille,
arrive bien vite.
Et, encore plus vite,
Vanessa vient se jeter dans ses bras
en pleurant.
Maman la serre tout contre son coeur.

Et le monde est à nouveau tout beau !

# À la pêche

*Les choses simples de tous les jours*
*suffisent*
*pour être heureux.*

Il fait beau et chaud.
C'est l'été.
C'est une belle journée pour taquiner le poisson.
Marc a chaussé ses escarpins
et enfilé ses jeans.
Il est allé à la remise
chercher sa boîte d'hameçons et sa canne à pêche.

Stéphane, cinq ans et demi,
qui a vu son père se préparer,
lui demande l'air câlin :
— Papa, amène-moi avec toi.
— Tu veux venir à la pêche avec moi ?
— Oh oui, papa !
— Eh bien, viens, mon gars.

Ils prennent le sentier
qui conduit à un étang
à un kilomètre de la maison.
Ils marchent la main dans la main,
clopin clopant.
La vie est belle.

Mais la route est longue pour Stéphane.
— Papa, je suis fatigué.
— Veux-tu que je te prenne sur mes épaules ?

– Oui, papa.
Sitôt dit, sitôt fait.
Le fils se retrouve sur les épaules du père,
les deux jambes bien calées
chaque côté de sa tête.
Là-haut, la vue est bien plus belle :
on en voit des choses !
Et c'est bien moins fatigant.
Et puis, on profite de l'amitié de papa
et on est en pleine sécurité.
« Papa est bien bon pour moi
et je l'aime beaucoup ! »
se dit tout bas le fiston.

On arrive à l'étang.
Marc commence à en faire le tour
pour trouver une bonne place pour pêcher.
– On s'essaie ici ?
– Oui, papa.
Et papa descend délicatement son fils
de son perchoir.
Il ouvre son coffre de pêcheur
sous les yeux ébahis de Stéphane.
Il accroche une mouche à la corde de sa canne
non sans avoir demandé l'avis de son fils
pour le choix de l'hameçon..
« Papa est vraiment un grand personnage !
Il en sait des choses !
Et moi, j'en apprends beaucoup avec lui !
Nous faisons une bonne paire d'amis.
Vraiment, je suis bien chanceux
d'avoir un papa comme papa ! »

Et l'amour paternel et filial grandit bien
entre eux.

# Le contenu et le contenant

*On ne voit bien qu'avec le coeur.*
*L'essentiel est invisible pour les yeux.*

Antoine de St-Exupéry


Sandra reçut un jour un beau cadeau.
C'est du moins ce qu'elle pensait.
Rien qu'à voir l'emballage,
elle était déjà toute pâmée :
une grande boîte enveloppée d'un papier satiné,
enrubannée de bleu ciel
et coiffée d'un chou à vous arracher le coeur !
Quelle ne fut pas sa déception
quand, en l'ouvrant,
elle trouva des chocolats déjà fort défraîchis !

Alain cueillit dans son courrier du matin
une lettre d'une "admiratrice".
Au premier coup d'oeil,
il découvrit
le grand raffinement de sa correspondante :
le papier était du véritable vélin
et l'écriture était rien moins que de la calligraphie.
Il déchanta bien vite à la lecture :
la lettre était truffée
de médisances et de calomnies
sur son dos et sur le dos des autres !

Ça fait toujours plaisir
de recevoir quelqu'un ou quelque chose
qui se présente bien :
un plat bien apprêté,

16

un pot de fleurs en faïence de Grenoble,
un invité bien habillé,
de belles manières, etc.
Un beau "contenant" ne nuit jamais,
c'est sûr.

Mais il reste que c'est le "contenu"
qui est le plus important.
Les meilleurs onguents sont dans les petits pots,
paraît-il,
et la bonne renommée vaut mieux
qu'une ceinture dorée.
À tout prendre,
j'aime mieux manger des filets de perchaude
dans une gamelle en tôle
que des crevettes avariées
dans une porcelaine chinoise.
Et j'aime mieux un coeur d'or
en guenilles
qu'une pie ravageuse
en tenue de soirée.

Il y a des gens
qui sont comme des arômes subtils :
ils passent presque inaperçus,
ils sont discrets, humbles, silencieux même.
Mais leur seule présence vous calme
et leur compagnie vous révèle peu à peu
la richesse de leur coeur
et la profondeur de leur pensée.
Ils vous parfument doucement
et vous grandissent de jour en jour.
Ils traversent votre existence
comme les grands fleuves :
leur tranquillité vous pacifie,

17

leur eau nourrit vos terres
et leur beauté vous transfigure.
Leur contenant est effacé
mais leur contenu est merveilleux.

Mais il y a d'autres gens
qui sont comme les guêpes :
ils font tout pour se faire remarquer,
ils portent des habits somptueux et voyants,
leur verbe est haut et fort
et leur compagnie peut même vous agacer.
Ils vous bourdonnent dans les oreilles
et vous piquent parfois méchamment.
Ils passent dans votre vie
comme des torrents impétueux :
leur superficialité vous énerve,
leur flot bruyant détruit vos terres
et leur laideur vous défigure.
Leur contenant est flamboyant
mais leur contenu est désastreux.

# Simone

*Si Lui nous a envoyé cette épreuve,*
*c'est qu'il savait qu'on était assez fort*
*pour la prendre.*

René Simard

Simone est une petite femme bien ordinaire.
Épouse et mère de famille comme tant d'autres,
études "dans la moyenne".
Pourtant, elle a quelque chose de "pas ordinaire" :
les gens qui la rencontrent
s'accordent à dire
qu'elle dégage de la paix
et qu'être avec elle leur fait du bien.
Il émane de sa personne
une chaleur et une tranquillité si grandes
qu'elles se communiquent tout naturellement
aux autres
et qu'on se surprend à vouloir lui ressembler.

D'où vient la sérénité de Simone ?
De sa bonne nature calme et paisible ?
Sûrement.
Mais, pour qui connaît Simone,
on sait qu'elle est un petit volcan en dedans
et qu'elle a eu sa large part d'épreuves !
Simone tire sa sécurité personnelle
de sa confiance inébranlable en Dieu :
c'est en Lui que ses problèmes se placent,
c'est en Lui que ses joies et ses peines s'ajustent,
c'est grâce à Lui que sa paix devient contagieuse.

# Anne-Marie et Raymond

*Heureux qui pense au pauvre et au faible :*
*aux jours malheureux,*
*le Seigneur le délivrera.*

Psaume 41, 2.

*Notre société a besoin de gens*
*qui donnent temps, argent,*
*qui travaillent pour les autres.*
*Sans rien demander en retour.*

Felipe Alou

Anne-Marie doit bien avoir dans les soixante-dix ans.
C'est une toute petite femme :
elle ne pèse pas plus de cent livres.
Ses yeux pétillent toujours
et un léger sourire illumine constamment sa figure.
Elle n'a l'air de rien du tout
mais elle a le coeur grand comme la terre.

Tous les après-midi,
beau temps mauvais temps,
hiver comme été,
elle va visiter Raymond
dans son petit appartement du centre-ville.
Une heure par jour.
Raymond a cinquante ans ;
il est muet et paralysé des deux jambes.

Tous les jours,
il attend à sa fenêtre cette heure de rencontre.
Dans l'affection et l'espérance.
Si elle retarde un peu,
il s'inquiète :
est-elle malade ?
lui est-il arrivé quelque chose ?
Il ne lui vient pas à l'idée
qu'elle puisse l'avoir oublié
et encore moins abandonné.
Ce n'est pas elle qui ferait une chose pareille.
Et elle aussi s'inquiète
quand elle ne le voit pas à sa fenêtre :
est-il tombé ?
a-t-il eu un accident ?

Que se passe-t-il pendant ces visites ?
Tout et rien.
Parfois, elle lui fait un peu de lecture
ou lave sa vaisselle ;
d'autres fois, elle dit un bout de chapelet pour lui
et devant lui.
Ou encore, elle lui parle simplement.
Elle fait les questions et devine les réponses.
Elle le connaît tellement
que rien qu'à le regarder elle sait ce qu'il pense.
Un mystérieux échange s'est établi entre eux deux.
Il a besoin d'elle et elle a besoin de lui.

En retournant chez elle,
il lui vient souvent à l'esprit et au coeur
que visiter Raymond c'est visiter Jésus lui-même :
« Chaque fois que vous l'avez fait à l'un de ces petits
qui sont mes frères,
c'est à moi que vous l'avez fait » (Matthieu 25, 40).

Et, quand elle est partie,
lui pense un peu pareil.
Il se dit qu'en recevant Anne-Marie
il a reçu le Christ en personne :
« Qui vous accueille m'accueille » (Matthieu 10, 40).

Et, à chaque jour,
une nouvelle page d'Évangile s'écrit.
Une bien belle page.

# Une belle petite famille

*Une affaire,*
*tout le monde peut réussir cela.*
*Mais une famille,*
*quand on a manqué son coup,*
*ça ne se recommence pas.*

Luc et Lucie sont les père et mère
de trois petits enfants adorables.

Le premier, Alexandre, est un petit taureau,
comme disent ses parents :
il sait ce qu'il veut et veut ce qu'il sait
parfois même un peu trop.
Ses parents souhaiteraient de temps en temps
qu'il soit un peu moins têtu et un peu plus écoutant.
Mais il ne donne pas sa place
quand il s'agit de rendre un service :
c'est lui qui nettoie la table après chaque repas,
il a même appris à faire la lessive ;
il n'a pas son pareil pour trier le linge,
pour le plier et pour le ranger dans l'armoire.
Ses parents l'aiment comme il est
et Alexandre grandit bien
au soleil de l'amour de son père et de sa mère.

Le second, Matthieu, est un petit lion.
Il a la riposte facile et la colère aussi vive que courte.
Il égratigne volontiers les gens
qui se mettent de travers sur son chemin.
Mais c'est un petit artiste :

il chante à la journée longue,
il dessine des caricatures presque aussi belles
que celles de Girer
et avec autant de facilité qu'il chante ;
il a le sourire permanent
des enfants entourés d'affection
et acceptés tels qu'ils sont.
De fait, ses parents l'aiment bien,
ils rient de ses sautes d'humeur
et le félicitent pour ses magnifiques dessins.
Et Matthieu s'épanouit comme une belle fleur
dans ce climat d'affection qui l'entoure.

La troisième, Cindy, est un petit bélier.
Elle aime à s'imposer,
elle a besoin d'être remarquée
partout où elle se trouve ;
même à sept ans,
elle a ses petits moments de domination
sur les autres.
Si vous l'oubliez un seul petit instant,
elle s'arrange pour vous le faire savoir.
Mais elle est aussi toute pleine d'attention
et de délicatesse pour les autres ;
c'est elle qui s'occupe le mieux de la visite ;
c'est une hôtesse parfaite.
Cindy se sait aimée de ses parents
et de ses deux grands frères.
Elle pousse bien dans l'atmosphère d'amour
de la famille :
ses qualités s'amplifient
et ses défauts diminuent petit à petit.

# Les autres

*Il suffit de si peu de choses*
*pour rendre la vie des autres agréable*
*ou au contraire désagréable...*


Madeleine est allée au cinéma,
avec son mari Lucien et son amie Anna,
voir un film qui fait courir tout le monde.
D'abord elle a mis un tout petit chapeau
pour ne pas boucher la vue de son voisin d'en arrière.
Ensuite, elle a été bien tentée
de faire ses commentaires tout au long du film :
à gauche à Lucien et à droite à Anna,
en penchant la tête à chaque fois.
Mais elle ne l'a pas fait :
elle a pensé au type assis juste derrière elle
qui aurait eu à faire l'essuie-glace toute la soirée
pour voir quelque chose sur l'écran
et qui serait sans doute sorti du cinéma
un bon torticolis au cou et une belle colère au coeur.
Et tout le monde a passé une belle soirée.

Jacques adore les fleurs.
Il en cultive partout dans son parterre :
des plates-bandes, des rocailles, des allées...
Tous les jours, il en coupe une bonne quantité,
qu'il apporte aux secrétaires de son bureau.
Et tout le monde commence la journée
de bonne humeur...

Nancy est allée au Stade olympique
voir jouer les Expos.
Entre deux manches,
elle est entrée dans une cabine téléphonique
pour saluer son amie Lise.
Elles en ont long à se dire toutes les deux.
Mais voilà que Nancy s'est aperçue
que cinq ou six personnes faisaient la queue
elles aussi
et commençaient à s'impatienter.
Nancy s'est excusée auprès de Lise
et a quitté rapidement la cabine
avec un beau sourire aux lèvres
que tous lui ont rendu aimablement.

Il a plu abondamment.
La rue est parsemée de flaques d'eau froide et sale.
Robert est pressé comme toujours.
Il conduit sa voiture à vive allure.
Mais il fait quand même attention
aux malheureux piétons
qu'il pourrait arroser copieusement...
Et les piétons trouvent Robert bien gentil
de ne pas les éclabousser.

Benoît tond son gazon tous les samedis après-midi.
Il est réglé comme une horloge.
Sa propriété est située
juste à côté d'un foyer de personnes âgées.
Elles ont toutes l'habitude de prendre leur sieste
après leur repas.
Benoît le sait bien.
C'est pour cela qu'il attend à trois heures
pour faire ses pétarades.
Et tout le monde est content.

Gertrude a remarqué
que son voisin Julien est toujours pris
à se faire un repas à la sauvette le samedi midi
et que plus souvent qu'autrement
il mange sur le bout du comptoir de sa cuisine.
D'accord avec Albert, son mari,
elle a invité Julien à venir manger avec eux :
« J'ai mis un peu d'eau dans ma soupe, venez... »

Pierre vit en pension dans une famille.
Jeanne a fait une belle tarte au sucre.
Pierre la trouve si belle et si bonne
qu'il a bien envie d'en prendre presque la moitié
à lui tout seul.
Mais alors les autres devraient se contenter
des restes.
Il a pris sa juste part comme tout le monde,
mais pas plus.
Et tous ont pu féliciter Jeanne de sa bonne tarte.

Georgette habite une maison d'accueil
pour personnes seules.
Tous les soirs, elles se réunissent
pour regarder la télévision dans la salle commune.
Georgette s'assoit toujours à côté de Lucienne,
sa grande amie.
Mais elles s'appliquent à parler tout bas
afin de ne pas déranger les autres.

Chantal n'oublie jamais la fête de ses connaissances.
Elle leur envoie un petit mot bien tourné.
Et tout le monde est heureux.

Vous pouvez continuer la liste vous-mêmes...

# Charles

*Mon père est truffé de rides.*
*Chaque ride, m'a-t-il dit,*
*est une marque de plaisirs.*
*Je veux être comme lui.*

René Simard

*La vieillesse*
*n'est pas nécessairement ni toujours*
*le naufrage que l'on dit.*

Doris Lussier

Charles a plusieurs printemps derrière lui.
En fait, il en a bien plus derrière
qu'il lui en reste devant.
Quand il regarde sa vie,
Charles n'est pas amer pourtant.
Comme tout le monde,
sa vie a connu des hauts et des bas.
Ce ne fut pas toujours facile.
Mais, somme toute,
le bilan lui paraît positif.
Ses enfants et ses petits-enfants
font toute sa joie.
Ils reviennent régulièrement le visiter.
Ses enfants le consultent
chaque fois qu'ils ont une affaire importante
à régler.
Et ses petits-enfants peuvent l'écouter
des heures durant
leur raconter des histoires.

Avec l'âge,
il est devenu une sorte de vieux sage,
un patriarche bienveillant.

C'est vrai
qu'il a le dos courbé,
que ses rhumatismes ralentissent son pas
et que son visage est ratatiné
comme une vieille peau de chameau.
Mais personne ne trouve à redire là-dessus.
La lumière est toujours plus belle et plus claire
dans ses yeux
et le sourire qui embellit ses lèvres
traduit la capacité immense
qu'il a de comprendre les gens,
qu'il a développée avec les ans
et qui s'est installée "pour rester" dans son coeur.

C'est tout cela qui fait
qu'il est si attirant pour tout le monde
et que, même si son visage est ridé
comme une vieille pomme,
il donne de si bons fruits encore.

# Ferréol

*Les gens ont une vie*
*qui n'a rien à voir avec la nôtre.*
*Chaque vie est une saga.*

Ferréol a mauvais caractère,
il est le premier à le reconnaître.
C'est sa "nature".
Il bougonne tout le temps
et trouve à redire pour tout et pour rien.
Il se pose dans l'existence en s'opposant...
comme certains adolescents.
Pourtant il file déjà ses cinquante ans !

Il a du mal à se laisser aimer.
Il voudrait être aimé
mais il est mal à l'aise
chaque fois qu'on lui montre un peu d'attention.
Si vous lui dites bonjour,
il répond timidement et faiblement
ou bien il ne répond pas du tout.
C'est selon
ses humeurs, son sommeil, la température...
Si vous ne lui dites pas bonjour,
il s'imagine que vous le négligez.

Les gens qui travaillent avec lui ne savent plus
par quel bout le prendre.
On dirait qu'il n'a pas de "poignées".
Il est un peu comme une goutte de mercure
ou une veine fuyante :

dès que vous tentez de l'aborder,
elle s'éloigne.

Ferréol, pourtant, n'hésite jamais
à rendre service.
Il le fait souvent en bougonnant,
c'est sa nature.
Mais il le fait.

Certaines gens
ont l'amour bourru,
d'autres l'ont tendre.
Qu'importe !
Ce qui compte,
c'est d'aimer.

# Julie

*Si tu as une cote d'amour,*
*remercie le bon Dieu.*

Jean Lapointe

On dirait que tout ce que touche Julie
se transforme en lumière.
C'est comme si elle glissait
à la journée longue
sur une rivière de bonté.

Elle a le sourire facile :
elle dit que c'est un cadeau
de ses parents et du bon Dieu.
Elle a le coeur sur la main
et la main sur le coeur.

À la maison,
ses enfants et son époux
l'appellent "le soleil de la maison" :
ils se sentent aimés,
ils sont bien avec elle.
Et ils ne se cachent pas pour le lui dire.

À l'hôpital où elle est infirmière,
tous, du plus humble patient
au plus grand chirurgien,
sont unanimes à la louer :
quand Julie est là,
le climat est meilleur.
Tout le monde souhaite
que Julie reste avec eux encore longtemps.

Le secret de Julie est bien simple :
elle aime tout le monde,
elle ne juge pas les gens ;
pour elle, chaque personne est unique
et a quelque chose à lui apprendre.

Julie est heureuse
et fait des heureux.

# Henri-Paul

*Il m'a tiré du puits fatal,*
*de la boue du bourbier.*

Psaume 40, 3.

Henri-Paul est allé marcher dans le bois.
Il fait un beau soleil de printemps.
À vrai dire, c'est le premier beau jour
depuis qu'avril s'est montré le bout du nez.

Henri-Paul n'est plus un jeune homme.
Il doit bien aller chercher dans les soixante-dix ans.
Mais il a encore bon pied et bon oeil,
même s'il a le souffle un peu court
et le tour de taille assez prononcé.
Henri-Paul a donc enfilé son survêtement,
pris sa canne,
et est parti pour le bois.
Il marche d'un pas ferme.
Une joyeuse mélodie chante dans son coeur.
Et pour cause :
les oiseaux gazouillent dans les arbres,
les fougères ont commencé à sortir de terre
et leurs têtes de violon le saluent
respectueusement
en s'accordant au chant des mésanges
et des fauvettes,
les fleurs jaunes et bleues qui égaient la mousse
au pied des arbres viennent lui chatouiller
les narines.
Henri-Paul est aux anges.
Il n'en finit plus de se gaver de cette nature si belle

qui s'offre à lui comme un beau cadeau du printemps.
Il marche la tête dans les nuages
et ses pieds flottent sur l'herbe toute neuve.
Il se trouve bien chanceux de pouvoir jouir ainsi
de la vie.

Mais, justement,
Henri-Paul a la tête un peu trop dans les nuages.
Tout en marchant,
il n'a pas vu un trou béant juste devant lui,
creusé l'automne dernier par je ne sais quelle grue.
Et plouf ! le voilà dedans jusqu'à la ceinture !
Henri-Paul tâte chacun de ses membres :
heureusement il n'a rien de brisé.
Mais il est dans l'eau froide jusqu'au genoux,
ce qui, il le sait bien, lui donnera demain
une fluxion de poitrine carabinée.
Du coup, les oiseaux se sont tus,
les fougères ont enroulé leur tête de violon
et les fleurs ont replié leurs pétales.
Et Henri-Paul n'est plus aux anges,
il est au désespoir.

Il entreprend donc
d'escalader de toute urgence ce méchant trou
pour reprendre sa route.
Mais voilà :
il a beau essayer de le franchir, il n'y arrive pas.
Ses jambes ne sont pas assez fortes,
son corps n'est pas assez léger
et le mur n'est pas assez bas.

Henri-Paul s'essaie à plusieurs reprises.
Il en perd le souffle et le courage.
Henri-Paul commence à s'inquiéter.

Sa face est tout en sueur,
son coeur galope,
sa pression grimpe.
Henri-Paul commence à paniquer.

Arrivent sur les entrefaites Nathalie et Stéphanie,
deux grandes jeunes filles,
caméras en bandoulière,
qui s'en vont à la chasse aux photos printanières.
Elles aperçoivent Henri-Paul au fond de sa fosse
qui se débat comme un perdu
et qui s'époumone à leur crier :
« Sortez-moi d'ici, s'il vous plaît. »

Nathalie et Stéphanie le prennent chacune
par une main
et le tirent aisément hors du trou.
Henri-Paul secoue la boue qui a collé
à son survêtement,
vide ses souliers,
tousse un peu.
Puis, les yeux dans l'eau,
il donne la main à ses deux sauveteurs.
Spontanément, il les embrasse l'une après l'autre :
« Je ne sais pas ce que je serais devenu sans vous...
Merci beaucoup !
Vous m'avez tiré d'un grand embarras... »

# Irène

*Les jeunes gens se fatiguent et se lassent.*
*Il arrive même aux jeunes hommes*
*de chanceler.*
*Mais ceux qui espèrent en Dieu*
*renouvellent leurs forces...*
*Ils courent sans lassitude*
*et marchent sans fatigue.*
Isaïe 40, 30-31.

*On regrette de vieillir.*
*Mais c'est encore le seul moyen*
*que l'on ait trouvé*
*pour vivre longtemps !*
Charles-Auguste Ste-Beuve

*La sérénité, c'est la grâce de la vieillesse.*
Doris Lussier

Irène n'a plus vingt ans.
Elle n'en a même plus quarante.
Comme tout le monde,
elle a vieilli d'une journée par jour,
d'un an par année.

Quand elle était jeune,
Irène vous faisait de ces journées !
Du matin au soir, elle travaillait !
Elle digérait bien et dormait bien.
Jamais essoufflée,
toujours disponible pour la grosse ouvrage !

Mais voilà que maintenant...
Son corps ne la suit plus,
elle s'essouffle à rien,
elle fait de l'arthrite,
elle dort mal...
Bref, elle n'a plus l'endurance d'autrefois.

C'est normal de ralentir un peu
quand on vieillit.
Le problème, pour Irène,
c'est qu'elle n'accepte pas sa situation.
Elle voudrait avoir la force de ses vingt ans ;
elle voudrait monter les escaliers comme avant,
laver les planchers comme autrefois, etc.

Accepter d'être moins capable qu'avant,
d'être moins utile apparemment,
de ralentir,
de vieillir quoi !
Ce n'est pas un art facile !
Mais cela s'apprend
si l'on veut vieillir bien !

Retrouver en sagesse
ce qu'on perd en force !
Reprendre en patience
ce qu'on perd en vigueur !
Transformer sa faiblesse grandissante
en nouvelle force plus spirituelle !
Et... savoir qu'un jour
cette vie qui s'en va se renouvellera
en perfection,
en plénitude !
Quel bel apprentissage !

# Avec beaucoup d'amour...

*Suivez la voie de l'amour...*
Éphésiens 5, 2.

*On doit tout faire en état d'amour...*
Jacques Proulx

*Il faut être passionné*
*pour réussir sa vie.*
Abbé Pierre

L'autre jour,
j'ai eu la joie de piquer une bonne jasette avec Sonia.
Sonia est une jeune médecin qui adore sa profession.
Elle me disait :
« Je fais mon travail de médecin avec passion ;
c'est ce qui me fait vivre. »
À voir l'éclat de son regard,
c'est évident qu'elle aime son travail.
Mais elle aime aussi les gens
qui viennent la consulter
l'inquiétude au coeur et l'espoir dans les yeux.
Quant à elle, elle s'applique à bien faire
ce qu'elle a à faire.
Elle veut poursuivre ses études
pour devenir une spécialiste des oreilles,
du nez et de la gorge.
Elle réussira car elle n'a pas seulement
de la conscience professionnelle,
elle a du feu dans le coeur.
Elle a "la vocation", pourrait-on dire.

Le lendemain, je me retrouvai au garage
pour la vidange d'huile de ma voiture.
Philippe posait des tambours aux freins
d'une auto assez âgée :
« Je suis à toi dans dix minutes ;
tu comprends, il faut que je fasse une bonne "job"
si je ne veux pas que le propriétaire ait du trouble. »
Philippe a dit ces paroles presque à la blague
mais au fond il était sérieux.
Il fait bien son travail.
Je me disais que Philippe ressemblait en cela à Sonia.
Ils ne font pas le même boulot,
mais ils ont tous deux la passion de leur métier.
Philippe aime ce qu'il fait, c'est clair.
Il connaît tous les secrets de la mécanique
mais il aime aussi les gens
qu'il sert avec joie et respect.

Les gens qui agissent avec passion
vivent intensément leur vie.
Ils lui donnent une densité et
une profondeur singulières.
Ils ont peut-être aussi plus de chances d'être heureux
et de faire des heureux autour d'eux.
Non seulement ils ont le goût de la vie
mais ils le donnent aux autres.

La passion,
n'est-ce pas justement vivre avec beaucoup d'amour ?
De l'amour pour ce qu'on est appelé à faire
et à être dans la vie,
mais aussi de l'amour pour les gens...
Nous ne sommes pas tous appelés
à devenir de grands personnages,
de grands professionnels comme Sonia...

Des fois, le travail que nous faisons est plutôt effacé
comme celui de Philippe ou comme celui
de tant de personnes
qui vivent au jour le jour leur vie de tous les jours,
comme celui de tant de parents ou de grands-parents,
de tant de jeunes ou de personnes âgées.

En réalité,
ce n'est pas la grandeur de ce que nous faisons
qui nous rend grands,
c'est l'amour que nous y mettons.

Qu'il y ait beaucoup d'amour dans nos vies !

# Accepter...

*Une grande partie du problème est réglée*
*quand on l'accepte.*
*Pour le reste,*
*on se retrousse les manches*
*et on travaille.*

René Simard

Jocelyn et Yvette se sont acheté une maison :
une grande cuisine, un beau salon,
des fenêtres immenses,
sous-sol complètement "fini".
L'habitation de rêve, quoi !
Mais, dès que l'hiver arriva,
ils déchantèrent !
Le foyer du sous-sol refroidissait toute la maison :
il "tirait" en-dedans l'air froid du dehors.
On consulta un spécialiste.
Il leur dit qu'il pourrait améliorer la situation
mais non pas régler le problème totalement :
ils devraient vivre avec un foyer imparfait.
Jocelyn et Yvette furent bien déçus
et discutèrent longuement du problème.
Finalement, ils allument plus souvent leur foyer.
Le problème est largement compensé
par le reste des commodités de leur maison.

Amélie est enceinte de son premier enfant.
Bertrand, son époux, partage la joie de sa femme.
Depuis le temps qu'ils le voulaient !
Du coeur des deux parents
monte le souhait que tous les parents font :
« Pourvu qu'il soit en santé et sans infirmité ! »
Quand Martin vint au monde,
ils s'aperçurent qu'il avait quelque chose au coeur.
Le médecin leur dit doucement
qu'il vivrait sans doute seulement quelques semaines.
Ils en furent profondément attristés.
Ils lui demandèrent
de faire tout son possible
pour sauver leur enfant.
Ce qu'il fit, bien sûr.
Mais, au bout de trois mois,
le petit Martin quitta ce monde.
Ses parents prirent bien du temps
à se consoler de son absence.
Ce qui est bien normal.
Mais, finalement, ils acceptèrent leur "épreuve"
et, comme le leur avait recommandé le médecin,
ils firent un "Martin II",
qui se porte bien
et leur rappelle "Martin I".

Dans la vie,
il y a régulièrement des choses
qui nous dérangent :
cela va d'une grippe passagère
à des maux qui durent et
qui nous font parfois très mal.
Certaines choses se corrigent :
il faut les corriger.
D'autres ne se corrigent pas :

il ne faut pas simplement les endurer.
Il faut faire tout ce qu'on peut
pour les amoindrir.
Mais, après cela,
si la chose est là "à demeure",
il nous faut l'accepter
et vivre avec, comme on dit.
C'est peut-être cela
"retrousser ses manches et travailler".

# Véronique

*Le bénévolat
est le meilleur remède contre l'ennui.*

Claude Poirier


Véronique file joyeusement
ses quatre-vingt-quatre ans.
C'est une belle "petite vieille"
aux cheveux tout blancs
et aux yeux doux et légèrement taquins
derrière ses lunettes d'argent.
Je l'appelle tendrement "ma détricoteuse".
C'est que Véronique passe ses grands après-midi
au vestiaire d'un sous-sol d'église
à "détricoter" les vêtements
"qui ne se portent plus aujourd'hui".
Elle défait les chandails, les robes, les bas...
et roule d'énormes boules de laine.
Ensuite elle "retricote" des tuques,
des "crémones", des mitaines
"pour les enfants qui jouent dehors
toute la journée en hiver",
puis des bas et des pantoufles
pour les "vieux, le soir,
quand ils regardent la télévision".

Elle me dit :
« Maintenant que mes enfants sont tous élevés,
j'ai beaucoup de temps devant moi...
Alors, je détricote et je retricote...
Ça passe le temps,
puis ça rend service aux plus pauvres... »

45

Ce qu'elle ne dit pas,
c'est qu'elle passe aussi ses avant-midi
à prier le bon Dieu :
d'abord, chez elle, elle récite son rosaire
pour ses dix enfants et ses vingt petits-enfants.
Ensuite, elle se rend à l'église
pour la messe de onze heures.
Après la messe, elle reste à l'église
pour ses "dévotions" :
une prière à saint Jude pour les plus désespérés,
une à saint Antoine pour les "objets perdus",
une au curé d'Ars pour les "grands pécheurs",
une à saint Joseph pour les malades
et une à la sainte Vierge pour les mamans.
Elle finit par un chemin de croix
pour les "âmes les plus abandonnées".

Un jour, elle m'a dit :
« Plus je prie le bon Dieu,
plus j'ai le goût de le prier.
J'ai hâte d'aller le retrouver dans son paradis. »
Mais elle ajoute tout de suite :
« Tu sais,
quand je rencontre des pauvres au vestiaire,
que je les habille et les encourage,
je vois le bon Dieu là aussi.
Ça me prépare au ciel ! »

Véronique me dit souvent :
« Que le bon Dieu est bon
de me donner une aussi belle vieillesse...
et de me rendre utile pour les autres ! »

# Mariette et Joseph

*J'aimerais mieux*
*qu'il m'arrive quelque chose à moi*
*plutôt qu'à ceux que j'aime.*

Patrick Roy

Mariette est allée au marché
avec sa petite fille de six ans.
Lisette n'en finit pas de regarder
les étals de fruits et de légumes :
toutes ces couleurs, toutes ces senteurs...
Et ça doit goûter si bon !
Elle a trouvé une pomme de laitue si belle
qu'elle a voulu la "regarder" avec ses doigts.
C'est bien naturel !
Mais voilà qu'en la retournant de tous côtés,
elle s'est retrouvée avec une grosse "bibitte"
dans la main.
Elle a eu bien peur
et a poussé un grand cri.
Sa maman a vite repoussé la "bibitte"
Et elle a dit :
« J'aurais aimé mieux qu'elle soit dans ma main
plutôt que dans celle de ma petite fille ! »
C'est cela l'amour !

Joseph est allé en randonnée cycliste
avec Pierrot, son fils de neuf ans.
C'est un beau cadeau pour les deux !
Ils ont emprunté la piste
qui suit le bord du canal.
Ils roulent déjà depuis une vingtaine de minutes.

Fiston en avant, papa en arrière.
La vie est belle.
Vint à passer sur le canal
un yacht absolument superbe.
Pierrot s'est retourné pour exprimer sa joie
à son papa.
Il a fait un faux mouvement
et s'est retrouvé, tête première, dans l'eau.
Heureusement que papa était tout prêt !
Joseph a vite ramené son fils sur le bord de l'eau.
Et les deux en furent quittes pour une belle frousse !
Et Joseph a dit :
« Pourquoi n'est-ce pas moi
qui suis tombé à l'eau ? »
C'est cela l'amour !

# Une belle classe

*Je m'occuperai de mes brebis.*
Ézéchiel 34, 12.


*Vivre, c'est aimer,*
*et aimer,*
*c'est servir en premier le plus souffrant.*
Abbé Pierre


Ghislaine est enseignante
dans une école primaire des environs.
Elle fait la classe en deuxième année
à des petits bouts de choux pleins de vie,
fins comme des mouches
et espiègles comme de petits diables,
qui l'aiment bien et la trouvent
"bien plus fine que Thérèse",
qui leur enseignait l'année précédente.

Parmi les élèves de Ghislaine,
il y a Louis-Paul et Line,
deux petits enfants d'une famille très pauvre
du quartier.
Ils n'ont pas d'aussi beaux vêtements que les autres
et leur lunch du midi est moins bien garni
que celui de leurs compagnons et compagnes
de classe.
Ghislaine, sans se désintéresser
des autres mieux nantis,
s'intéresse d'une manière spéciale
à Louis-Paul et à Line.
Souvent elle mange en leur compagnie

et, mine de rien, elle partage sa nourriture avec eux.
Elle se dit qu'elle ne fait que ce qu'elle doit faire.

Il y a aussi Mario et Caroline
qui ont bien du mal à suivre les autres :
ils sont plus lents pour la lecture, pour l'écriture,
pour  le calcul, pour la peinture...
Alors Ghislaine prend plus de temps
avec Mario et Caroline
pour les aider à marcher le plus possible
au rythme des autres.

Au début,
quand les autres virent
que leur professeur s'occupait plus
de ces quatre élèves que d'eux,
certains furent un peu jaloux
et se mirent à dire que Ghislaine
avait des choux-choux.
Mais avec le temps ils finirent par comprendre
pourquoi Ghislaine agissait ainsi.
Et ils ne l'aimèrent que davantage.

# Les gens du parc

*Arrête-toi*
*et prends le temps de regarder les gens.*
*Tu verras comme ils sont beaux,*
*même les moins beaux.*

*J'aime bien voir les gens contents.*

Jean-Luc Brassard

Il m'arrive souvent d'aller me promener en ville
simplement pour regarder les gens.
J'aime les gens
et je ne cesse de m'émerveiller
de la vie qui bat en eux.

L'autre jour, je suis allé m'asseoir dans un parc.
Du côté du soleil de l'après-midi,
il y a un jardin d'enfant :
des glissoires, des balançoires,
des carrés de sable, des carrousels...
C'est un vrai paradis pour les petits
et pour les plus grands aussi.
Je regardais les enfants glisser, se balancer,
tourner et jouer dans le sable.
Les parents, qui accompagnaient leurs plus petits,
prenaient plaisir à pousser les balançoires
pour que leurs amours s'élancent bien haut
dans le ciel.
Ou bien ils les accueillaient avec le sourire
au bas de leurs glissades
pour qu'ils ne se fassent pas de mal
en atterrissant sur le sol.

51

Et les enfants n'en finissaient pas de s'amuser
et de crier :
« Encore ! Encore ! »
Et les parents étaient bien contents
de voir leurs enfants contents.

Au milieu du parc,
il y a un grand cercle de verdure
tout piqué de fleurs multicolores et odorantes.
Tout autour du cercle, s'alignent de nombreux bancs.
C'est le coin favori des amoureux.
C'est vrai que c'est un endroit bien romantique.
Les jeunes couples, et les moins jeunes aussi,
y trouvent un espace de tranquillité
pour se parler, se raconter, se dire leur amour.
La vie, qui s'épanouit ici bellement,
me montre une fois de plus
que l'amour entre deux personnes
est l'une des plus belles choses
qui existent sur terre.

Plus loin, de grands pins blancs s'élancent vers le ciel
depuis des dizaines d'années.
On dirait qu'ils ont été plantés là
juste pour les personnes âgées
qui viennent s'y reposer à l'ombre de leurs branches
toutes percées d'aiguilles parfumées.
Elles y trouvent une paix et une fraîcheur
qui leur font grand bien.
Certaines même en profitent
pour piquer un petit somme
sur les bancs publics qui y séjournent
à l'année longue.

Juste à l'entrée du parc,
des tables nombreuses attendent les familles
qui viennent le midi et le soir y prendre un repas.
C'est beau de les voir réunies avec la parenté
et les amis.
Tout ce monde grouille de vie, de joie, de santé.
Rien de mieux pour "souder" la famille ensemble.
Il m'arrive de temps en temps
de m'asseoir moi aussi à une table ou sur un banc
pour grignoter quelques sandwiches
et siroter un jus d'orange ou un soda.
Souvent, dans ces occasions,
j'y rencontre des amis qui viennent collationner
avec moi
ou je fais connaissance avec une personne
qui veut causer un peu ou simplement
me tenir compagnie.

Je ne m'ennuie jamais dans ce parc.
Les gens que j'y trouve me disent à leur manière
que c'est beau la vie.
Ils me redisent tout l'amour qu'il y a dans le monde.
Ils me font prendre un bon bain d'humanité.

# Léonard et Claudette

*Dites-moi :*
*pourquoi sommes-nous venus au monde*
*si ce n'est pour essayer d'être heureux*
*en faisant aussi le bonheur de son prochain ?*

Doris Lussier

Léonard n'a rien d'un héros.
C'est un père de famille ordinaire :
il a élevé ses enfants du mieux qu'il a pu
et il savoure maintenant une retraite bien méritée
avec sa femme Claudette.
Il se mêle de ses affaires ;
il vit en paix
c'est-à-dire qu'il n'"'achale" pas les autres
et s'arrange pour que les autres
ne l'"'achalent" pas trop.

L'autre jour,
il s'est trouvé au beau milieu d'une situation
qui est allé chercher ce qu'il y a de meilleur
en son coeur
et qu'il ne soupçonnait même pas.
En lisant le journal,
il a appris qu'il y avait une grève
au Foyer de personnes âgées pas très loin de chez lui.

Il vit également à la T.V. ces vieillards
qui souffraient beaucoup de cette situation.
Et il se rappela tout à coup qu'Éloi,
l'un de ses compagnons de travail d'autrefois,
se trouvait "bénéficiaire" à ce Centre.

Il se rappela aussi qu'il l'avait oublié
depuis belle lurette
et qu'il ne le visitait jamais.

Il apprit aussi, à la T.V.,
que le Centre recherchait des bénévoles
pour prendre soin des "bénéficiaires" durant la grève
mais qu'ils devraient franchir
les piquets des grévistes.
Léonard se mit à réfléchir...
Le lendemain matin, il dit à Claudette
qu'il sortait et qu'il allait au Foyer aider Éloi.
Claudette le regarda dans les yeux
et lui dit qu'il était "malade".
Qu'importe !
Léonard était décidé.

Il partit donc en direction du Foyer.
Quand il arriva devant les piqueteurs,
il se fit rabrouer de la belle façon.
On lui barra la route
et l'un des grévistes le poussa même de la main
assez fort pour que Léonard manque de tomber
sur son derrière.
Léonard ne le prit pas.
Il vit bleu et leur dit tout d'un souffle :
« Vous n'avez pas honte
de prendre des personnes âgées
et malades en otages ! »
Et il décida qu'il passerait à travers ce barrage.
Ce qu'il fit effectivement.

Ça fait déjà quatre matins que Léonard traverse
hardiment et courageusement le piquet de grève.
Et depuis deux jours, Claudette l'accompagne.

Quand ils reviennent le soir à la maison,
il dit immanquablement à sa femme :
« Jamais j'aurais cru que nous aurions été
capables de faire cela !
Mais nous le faisons et nous le ferons
tant qu'Éloi aura besoin de nous. »

Et toutes les nuits, après avoir dit leurs prières,
Léonard et Claudette dorment côte à côte
l'âme en paix et le coeur content.

# Antoinette

*La vie est une glace
où se mire l'humanité.*

Jules Beaulac


Quand elle se lève le matin
et qu'elle fait sa toilette devant son miroir,
Antoinette observe l'image qu'il lui renvoie.

Certains jours,
c'est une mine réjouie, souriante,
qu'elle voit.
D'autres jours,
c'est un visage défait, fade et désabusé,
que sa glace réfléchit.
Elle constate surtout
comme la première image d'elle-même
exerce une influence sur toute sa journée.

Si elle se sourit le matin,
elle se donne confiance et courage
pour bien passer la journée qui commence.
Si, au contraire, elle voit dans sa glace
une bouche en accent circonflexe,
elle sait qu'elle s'engage
dans une journée difficile.
Eh oui ! son miroir l'influence !
Ou plutôt l'image qu'il lui renvoie !
« Antoinette, ma bonne Antoinette,
il te faut pratiquer l'art du reflet positif,
d'abord pour toi-même ! »

Mais, de jours en jours,
Antoinette découvre
que le reflet positif n'est pas bon
pour elle seulement.
Elle remarque
qu'elle est un miroir pour les autres
autant qu'ils en sont un pour elle...
un miroir bien plus transparent
que la glace de sa salle de toilette !

Si elle donne son sourire,
elle court de bonnes chances qu'on le lui rende.
Si elle fait des cadeaux,
on lui en offre.
Si elle ne donne rien,
elle n'a pas à se plaindre de ne rien recevoir.
Si elle fait confiance,
on lui fait confiance.
Si elle se méfie de tous,
elle n'a pas à se surprendre
qu'on la regarde de travers.
Si elle dit des bêtises,
elle ne s'étonne pas d'affronter des tempêtes...
Mais, si elle sème la bonté,
elle récolte la tendresse.
Si elle pardonne,
on ferme les yeux sur ses fautes.
Si elle est triste,
on n'éclate pas de rire devant elle.

Elle remarque aussi
comme elle reflète souvent
ce que les autres lui offrent.
On la provoque,
elle est sitôt toutes griffes dehors.

On lui offre une fleur,
elle est disposée à tout donner.
On lui donne de l'amour,
voilà qu'elle en a à revendre.
On la critique,
elle réplique en noircissant ses juges.
On l'invite à dîner,
elle reçoit à souper.
On l'injurie,
elle riposte aussitôt.
On partage avec elle,
spontanément elle fait de même.

Tout est affaire de reflet !
Les hommes sont miroirs pour les hommes !
Et les femmes aussi !

# 2

# Réflexions... comme nous en faisons tous

**Mettre de la lumière
dans notre vie.**

Prendre du recul
pour regarder la vie,
la nôtre et celle des autres,
c'est nécessaire.


Réfléchir un peu
pour réajuster notre tir,
pour prendre au mieux
les tournants de la vie,
c'est vital.


Prendre du temps pour penser
afin d'identifier les valeurs
qui façonnent notre vie,
qui forgent notre idéal,
il le faut bien.

# La loi du chevreuil

*S'il y a trop de bruit,*
*je vais m'enfoncer.*
*Félix appelait ça*
*"la loi du chevreuil".*
*J'ai ce réflexe.*

Richard Séguin

*L'expérience du désert*
*a inscrit en moi-même*
*une sorte de réflexe*
*qui remet à leur juste place*
*les morceaux de la réalité.*

Abbé Pierre

Quand elle ne voit plus clair dans sa tête,
que ses idées sont toutes mêlées,
qu'elle ne sait plus conduire sa vie,
Claudine enfourche sa bicyclette.
Toute seule.
Elle emprunte un chemin tranquille.
À la campagne.
Elle n'a pour seuls compagnons
que les chevaux, les vaches et les chèvres,
qui paissent tranquillement dans les champs.
À force de pédaler en silence
et de ne penser à rien,
elle finit par discerner des lumières dans sa tête,
elle distingue ce qu'il y a à faire et à ne pas faire,
elle sait qui être et qui ne pas être...
Elle revient chez elle
ragaillardie,

calmée,
prête pour empoigner la vie à nouveau...

Quand il est fatigué dans sa tête,
qu'il n'a plus le goût de rien,
qu'il traîne lamentablement la patte,
Jonathan s'en va sur la terre à bois
de son ami Pierre-Luc.
Sa hache sur l'épaule
et sa caméra en bandoulière.
Arrivé au clos où Pierre-Luc "fait du bois",
Jonathan bûche, bûche, bûche...
le temps qu'il faut
pour « faire sortir le méchant
qu'il y a en moi », dit-il.
Ensuite il s'assoit sur une bûche.
Histoire de se "refroidir" un peu.
Puis il reprend le sentier de bois :
Jonathan-le-bûcheron devient alors un artiste
qui se pâme pour une fleur bleue
perdue au milieu des aiguilles de pin rouge,
qui perd du temps pour un écureuil
folâtrant dans les feuilles mortes,
qui savoure la douce musique d'un ruisseau
se frayant un chemin à travers les rochers.
Jonathan fixe sur la pellicule
ces images de paix,
ces moments de bonheur.
Quand il revient chez lui,
il prend une bonne douche
et boit une bonne limonade.
Il est tout fin prêt
pour affronter la vie...

Quand il entend un bruit inhabituel,
le chevreuil fuit.
Il a le réflexe de s'enfoncer dans le bois.
Il se protège.
Il prend ses distances
pour mieux se situer
par rapport à ce qui lui arrive.

Des bruits,
nous en subissons tous...
parfois même nous en faisons !
Il y a les bruits extérieurs,
parfois si énervants, si distrayants,
et si dérangeants !
Mais il y a aussi les bruits intérieurs :
inquiétudes, problèmes, angoisses...
haines, rancunes, désirs de vengeance...

Devant tous ces bruits,
prends du recul.
Dès que tu le peux
et autant que tu le peux.
Enfonce-toi...
Sois chevreuil un peu
de temps en temps !

# Les tournants d'une vie

*Il y a des moments décisifs*
*dans la vie d'une personne.*

Leonardo Boff

*On est responsable de sa vie.*

Jean Lapointe

Quand François rencontra Johanne
un soir de pluie,
au sortir du cinéma,
il sut que sa vie venait
de prendre un tournant important.
Un an plus tard,
ils convolaient tous les deux en juste noce.
Aujourd'hui, ils sont les heureux père et mère
de trois jolis enfants.

Quand Élisabeth partit pour la Somalie
dans le but d'aider les enfants
qui mouraient de faim,
elle ne se doutait pas
que ces six mois de bénévolat
allaient exercer sur elle
une influence déterminante.
Aujourd'hui, elle est coopérante,
pour "aussi longtemps qu'elle le pourra",
dans l'un des pays les plus pauvres
de l'Amérique latine.

Quand Louis participa "pour le plaisir"
à un concours d'éloquence
organisé par le Club Optimiste de la région,
il ne pensait jamais
que cela le mènerait
à devenir l'animateur numéro un
d'une émission d'informations
à la chaîne nationale de télévision.

Quand Lucie fut engagée comme réceptionniste
dans une maison d'aînés,
elle ne pensait qu'à gagner sa vie.
Mais, au contact des pensionnaires du Foyer,
elle finit par se découvrir une vraie vocation.
Elle s'inscrivit à un cours de gériatrie.
Aujourd'hui, elle oeuvre à plein temps
dans un Centre spécialisé pour personnes âgées.

Quand Marcel apprit qu'il était atteint
d'une maladie incurable,
il prit subitement un "coup de vieux" :
ses cheveux devinrent tout blancs.
Il réfléchit et pria un peu.
Il mit ordre à ses affaires,
se concentra sur ses enfants et ses petits-enfants
et se prépara dans le calme et la foi
à sa grande rencontre avec son Dieu.

Quand Margot se retrouva à l'hôpital,
les deux jambes brisées,
après avoir été heurtée
par un camionneur imprudent,
ce fut pour elle comme une retraite :
elle regarda sa vie,
par en arrière et par en avant.

Elle sut qu'elle ne serait plus la même,
pas tellement à cause de ses jambes amochées
qu'à cause du temps de réflexion forcé
que son accident lui occasionnait.

Quand, après avoir passé la soirée au bar,
Frédéric, au volant de sa décapotable,
entra en collision avec la voiture de Maryse
et qu'il blessa deux de ses petits enfants,
il comprit enfin, du fond de sa cellule,
qu'il devrait cesser de boire
et que, pour y arriver,
il devrait non seulement se soumettre
à une cure de désintoxication
mais accepter de faire du "meeting"
au moins trois fois par semaine
pour le reste de sa vie.

Les humains sont comme les voitures :
leur vie est un chemin
aux nombreux tournants.
Il importe de savoir les détecter
et de savoir les négocier
pour poursuivre la route
avec enthousiasme
et sens des responsabilités.

# Regarde... Écoute...

*Observez les lis des champs.*
*Salomon lui-même, dans toute sa gloire,*
*n'a jamais été vêtu comme l'un d'eux.*

Matthieu 6, 28-29.

As-tu déjà pris du temps pour regarder
une fleur, une simple fleur ?
sa couleur fascinante,
sa forme unique,
son parfum subtil,
sa beauté sans prétention,
son langage muet,
son message discret... ?

Oui, as-tu déjà perdu du temps
pour une fleur ?

*Laissez venir à moi les enfants :*
*ne les empêchez pas.*
*Le Royaume de Dieu est*
*à ceux qui sont comme eux.*

Luc 18, 16.

T'es-tu déjà arrêté
à regarder un enfant,
à écouter son rire ?
sa mélodie incomparable,
sa couleur sans pareille,
sa pureté sans faille,
sa transparence cristalline...

Oui, t'es-tu déjà laissé saisir le coeur
par un rire d'enfant ?

*Lève-toi devant les cheveux blancs*
*et sois plein de respect pour un vieillard :*
*c'est ainsi que tu auras la crainte de Dieu.*
Lévitique 19, 32.

As-tu déjà contemplé le regard d'un vieillard ?
sa tendresse bienveillante,
son humilité tranquille,
sa sagesse silencieuse...

Oui, as-tu déjà écouté
le regard d'une personne âgée ?

Oui,
ce n'est pas du temps perdu
que de regarder
la simplicité d'une fleur,
la splendeur d'un coucher de soleil,
la grâce des jeunes filles,
la force des jeunes gens,
le dévouement d'une maman,
le labeur d'un homme mûr,
le visage ridé d'un vieillard...

Regarde et regarde encore !
regarde et admire !
regarde et émerveille-toi !
regarde jusqu'à contempler !

Oui,
il faut prendre du temps
pour écouter
le rire d'un enfant,
le chant d'un oiseau,
le sifflet du vent,
la tombée de la pluie,
la mélodie d'une berceuse,
le jeu d'une symphonie...

Écoute et écoute encore !
Écoute et étonne-toi !
Écoute et réjouis-toi !
Écoute jusqu'à t'extasier !

Ton émerveillement et ta joie
te rempliront d'espérance.
Ils éloigneront de toi
toute trace de souffrance.

Et, qui sait ?
Au bout de ta contemplation
et de ton extase,
peut-être seras-tu sollicité par la Vie,
peut-être seras-tu envahi par l'Amour,
peut-être Le reconnaîtras-tu ?

# Le temps

*On devrait mesurer le temps*
*non en secondes*
*mais en battements de coeur.*

Doris Lussier

Le temps est si précieux
que nous n'avons pas tardé
à le diviser en tranches :
années, mois, semaines, jours,
heures, minutes, secondes...

Le temps ne revient pas.
C'est pourquoi on court souvent après.
Et pourtant on en perd souvent aussi.
Dans un cas comme dans l'autre,
il nous échappe
comme l'eau qui coule entre nos doigts.

Le temps nous est donné
comme un beau cadeau de Dieu
pour que nous l'utilisions au mieux.
Pour mieux nous aimer les uns les autres
et par là mieux aimer le Seigneur.

# L'habitude

*Vous êtes trop habitués*
*à côtoyer des merveilles.*

Joseph F. Girzone

*Le problème de tout amour*
*est de ressusciter sans cesse une première extase :*
*l'idéal serait de recommencer toujours*
*sans se répéter jamais...*

Jean Guitton

Je rentrais d'un court voyage.
C'était à l'heure où le soleil descend à l'horizon
et se met à jouer à l'artiste en teintant le firmament
de couleurs magnifiques.
Des gens avaient garé leur voiture le long du chemin
pour admirer ce tableau à ciel ouvert.
Je décidai de faire comme eux.

Des couchers de soleil, j'en ai vu des centaines.
Peut-être trop.
Si bien ou si mal que je ne les remarque presque plus.
Je m'y suis habitué.
Il a fallu ces gens
pour me faire prendre conscience à nouveau
de la beauté des couchants.

Quand j'étais petit bonhomme,
mes parents s'efforçaient
de me faire acquérir de "bonnes habitudes" :
me laver les mains avant les repas,
m'essuyer les pieds sur le paillasson

en entrant à la maison,
suspendre mon linge à l'entrée...
Ils travaillaient aussi à me débarrasser
de mes "mauvaises habitudes" :
« ne mets pas tes doigts dans ton nez,
ne porte pas ton couteau à la bouche,
ne fais pas de bruit en mangeant,
ne t'assieds pas tout croche...»
Ce n'était pas toujours facile,
ni pour moi ni pour eux.
Mais aujourd'hui je suis bien reconnaissant
de ce qu'ils m'ont appris.

Il est vrai que c'est bien pratique
de développer des habitudes.
On acquiert ainsi un certain nombre d'automatismes
qui nous permettent de penser
ou de passer à autre chose.
Ainsi, la marche, la conduite en auto,
le brossage des dents,
sont si ancrés dans notre nature
qu'ils sont presque devenus une "seconde nature" :
ils font partie de notre vie.
On n'y pense plus en les pratiquant.
On gaspille ainsi moins de matière grise,
qu'on peut alors utiliser ailleurs.
Et c'est tant mieux.

Pourtant, il y a des réalités
auxquelles on ne devrait jamais s'habituer.
Parce que, quand on s'y habitue,
on risque de les tuer.
Par exemple, il y a l'amour.
C'est un poète qui a écrit :
« Tu peux m'ouvrir cent fois les bras,

c'est toujours la première fois ».
Quand l'amour s'habitue,
il s'affadit, il s'ennuie,
il est presque en danger de mort.
Vient un moment parfois,
toujours trop tôt,
où on ne voit plus la beauté de son conjoint,
on ne sent plus le parfum des roses,
on ne pense plus à la chance qu'on a
de vivre en assez bonne santé,
on n'apprécie plus la joie des enfants
ou l'enthousiasme des jeunes...
On perd alors le sens de l'émerveillement,
on ne se réjouit plus
de la nouveauté perpétuelle de la vie.
On ne se pâme plus pour rien ni pour personne.
On s'alourdit, on s'épaissit, on se ratatine...
Et du même coup on rate tant de chances
de garder son coeur jeune.
C'est là qu'on commence à devenir vraiment vieux.

S'il y a des choses
pour lesquelles il est vraiment utile
de développer des habitudes,
il y en a d'autres
où c'est vraiment triste d'en acquérir.

# La lumière

*Ta lumière jaillira*
*comme l'aurore.*

Isaïe 58, 8.

La lumière !

Nous avons tous besoin de lumière.
Et nous rêvons tous d'être lumineux...
d'une manière ou d'une autre !

Nous, les humains, comme les plantes :
pour grandir,
il nous faut de la lumière.

Nous cherchons tous à nous éclairer :
avec un simple falot
ou avec une puissante dynamo !

Certains d'entre nous trouvent leur lumière
dans l'amour, la science, le partage,
le Seigneur...
D'autres la cherchent comme à tâtons,
dans l'opacité de leur nuit,
avec courage et ténacité...
au milieu des ténèbres...

La lumière !
Quel défi !

# Le pur et le parfait

*À force d'être pur,*
*on rate l'essentiel.*

Jacques Henripin


Ghislain est toujours en train
de jouer dans son auto :
il retouche les freins,
ajuste le moteur,
vérifie continuellement la pression des pneus,
époussette tous les jours les sièges,
lave et frotte la carrosserie
au moins deux ou trois fois par semaine...
Tous les jours,
c'est l'inspection systématique.
Sa voiture est fatiguée
et trouve Ghislain bien fatigant.
Et le pire,
c'est qu'à force de la retoucher sans cesse,
son auto ne fonctionne jamais bien :
Ghislain l'a toute "désajustée".

Michèle est écrivaine.
Mais elle est si perfectionniste
qu'elle n'a jamais rien fini
de ce qu'elle a commencé :
« Je ne suis pas suffisamment satisfaite ;
il me faut encore retravailler mon texte ;
il y a des points que je n'ai pas explorés ;
je dois revoir l'ensemble encore une fois ! »
À force de vouloir des oeuvres parfaites,
elle n'aboutit jamais à rien...

Des tas de manuscrits "non-parfaits"
dorment sur ses tablettes
et des ulcères creusent son estomac !

Marie-Louise ne supporte pas
un brin de poussière sur les meubles
et n'endure pas une "traînerie" dans sa maison.
Elle les pourchasse
avec toute l'énergie que lui donne
sa passion pour la propreté et l'ordre.
L'ennui, c'est qu'elle fait pareil
avec son mari et ses enfants.
Ils n'ont pas le droit d'être sales,
ne fût-ce que la moitié d'un instant,
et il leur est impossible d'oublier
une casquette sur une chaise
ou un bâton de base-ball à l'entrée.
Tout reluit et tout est à sa place
dans la maison de Marie-Louise,
y compris les gens.
Mais personne ne sourit chez elle.
Et c'est bien triste !

Paulin est hanté par la pureté.
Celle du corps :
il prend sa douche
au moins trois fois par jour
et il ne compte plus le nombre de fois
où il se lave les mains et la figure !
Celle de l'âme aussi :
il est obsédé par le bien à faire
et surtout par le mal à éviter.
Encore, s'il n'appliquait ses idées fixes
qu'à sa personne,
cela passerait encore.

Mais, le pire,
c'est qu'il les transpose dans la conduite
de ses enfants, de sa femme, de ses amis.
Pas étonnant que tous le fuient :
rien n'est plus désagréable
que de vivre avec des gens "parfaits" !

Travailler à sa perfection, d'accord !
Mais raisonnablement !
Et surtout apprendre à vivre
avec une certaine imperfection,
la sienne et celle des autres,
c'est être sage et réaliste !
C'est avant tout ne pas rater l'essentiel !

# Dialogue

– Qu'est-ce que tu fais ?
– Mon possible !
– Ton possible ?
– Oui, mon possible.
– Alors, tu ne fais pas grand-chose !
– Effectivement, pas grand-chose !

– Et tu fais ton possible ?
– Oui, mon possible.
– Alors, tu dois faire beaucoup !
– C'est toi qui le dis !

# Ce qui compte, c'est...

*Après tout ce que j'ai fait,*
*Dieu peut-il encore m'aimer... ?*


Ce qui est important,
ce n'est pas ce que tu as fait,
c'est ce que tu fais et feras.

Ce qui compte,
ce n'est pas ce que tu as été,
c'est ce que tu es et seras.

Avec l'aide de Dieu,
tu fais déjà de bonnes choses
et tu deviens quelqu'un de bien.

Dieu est si bon et si puissant
qu'il peut effacer ton passé
aussi sûrement
que la vague de la mer fait disparaître
tes traces de pas sur le sable.

Il suffit que tu te soumettes
à sa lumière purificatrice,
à son amour transformateur.

Aie confiance !

# Le temps et les gens

Les enfants ont tout leur temps.
Ils cueillent le temps à mesure.
Ils jouent, ils mangent, ils dorment... selon le temps.
Ils ne calculent pas leur temps.
La plupart du temps,
ils n'ont pas de montre pour mesurer le temps.
Ils prennent le temps comme il est.
Ni plus, ni moins.

Les adultes manquent souvent de temps.
Ils courent après le temps.
Ils courent tout le temps.
Ils s'essoufflent et parfois essoufflent les autres.
Ils soupirent régulièrement faute de temps.
Ils regardent souvent l'heure
et voudraient la plupart du temps allonger le temps.
Ils n'ont pas le temps.
Le temps passe trop vite.

Les personnes âgées ont trop de temps.
Elles regardent par la fenêtre
les gens qui courent après le temps
et les enfants qui jouent sans se soucier du temps.
Elles parlent souvent du temps qu'il a fait,
qu'il fera et qu'il fait.
Elles n'en finissent pas d'écouler le temps.
À longueur de journée.
Elles s'ennuient de temps en temps
et parfois tout le temps.
Elles trouvent le temps long.

Les amoureux voudraient arrêter le temps.
Les malades voudraient raccourcir le temps.
Les prisonnier font leur temps.
Les météorologues auscultent le temps.
Les sportifs veulent du beau temps.
Les malheureux se souhaitent du bon temps.

Nous vivons tous avec le temps.
Le temps fait partie de notre existence
comme la peau nous colle aux os.
C'est pourquoi le temps se faufile partout
dans notre langage :
« J'ai tout mon temps...
je n'ai pas le temps...
tu perds ton temps...
ne gaspille pas ton temps...
prends ton temps...
le temps passe trop vite...
quel temps fera-t-il aujourd'hui ?
le temps est écoulé... »

Pourtant, le seul temps qui nous est donné,
c'est le temps présent.
Le passé n'est plus et le futur n'est pas encore.
Le temps présent est fait
de nos expériences passées
et de nos projets futurs.
Il se situe précisément au carrefour d'hier
et de demain.
Le temps présent qui est le nôtre
est l'aujourd'hui de Dieu.

Le temps, nous le goûtons, le partageons,
le comptons...
Nous avons des calendriers, des horloges,
des chronomètres, des radios
qui nous disent l'heure et le temps à chaque minute !

Le temps nous est donné
pour que nous vivions pleinement
chaque instant de nos vies,
pour que nous le prenions résolument
comme un chemin d'éternité.
C'est beau le temps, c'est plein de vie à l'intérieur !
C'est bon le temps, c'est plein de Dieu dedans !

# La vie...

*Je suis venu*
*pour qu'ils aient la vie*
*et qu'ils l'aient*
*en abondance.*

Jean 10, 10.

La vie... quelle merveille !

Tu soulèves une pierre dans un sous-bois
et tu vois des centaines d'insectes
grouiller de vie !
Hier, tu avais vu ici un cocon ;
aujourd'hui, tu contemples un joli papillon
qui se pose sur une fleur de trèfle...

L'hiver, tu vois
des natures mortes,
des arbres dénudés,
des ruisseaux gelés...
Au printemps, tout ressuscite :
les arbres bourgeonnent,
les glaces fondent,
les petits veaux, moutons, cochons, poulains,
égaient la ferme...

La vie éclate de partout !

Quand vient au monde un petit bébé,
tout le monde est dans la joie.
Ce qu'on fête,
ce n'est pas seulement le petit,

86

ce ne sont pas seulement ses parents,
c'est surtout la vie,
le grand don de la vie...

Nous sommes faits pour vivre...
et vivre en plénitude !
Nous ne sommes pas faits pour mourir,
nous voulons vivre au-delà de la mort !

Je veux vivre...
je veux vivre ma vie "au boutte",
toute ma vie,
au-delà des soucis,
des souffrances,
de la mort !
Je veux vivre
toujours !

# Deux poids, deux mesures

*Jamais*
*main ne fut coupée*
*aux princes.*

Roger Garaudy

Y a-t-il deux justices ?
Une pour les riches
et une pour les pauvres ?

Y a-t-il deux politesses ?
Une pour les puissants
et une pour les faibles ?

Y a-t-il deux pouvoirs ?
Un pour les majorités
et un pour les minorités ?

Y a-t-il deux traitements ?
Un pour les bien-vus
et un pour les mal-vus ?

Qu'en pensez-vous?

# L'écriture de Dieu

*Dieu écrit droit*
*sur les lignes courbes de nos vies*
Proverbe portugais

Nous lisons assez facilement les lignes courbes :
ce sont les événements importants
qui marquent notre vie,
qui souvent lui font prendre des tournants majeurs.
Ils s'habillent parfois de joie, de bonheur :
fiançailles, mariage, promotions, honneurs, etc.
Mais parfois ils se drapent de douleur :
maladies, deuils, séparations, chômage, etc.
Ils nous font ou nous défont.
« C'est selon... », comme disait mon grand-père.

Avec le fil des années,
nous constatons que chaque événement
a joué un grand rôle dans notre vie.
Bien plus,
nous voyons que ces événements
sont souvent liés entre eux ;
nous voyons qu'ils sont comme cousus entre eux
par un fil conducteur.

C'est peut-être cela l'écriture droite de Dieu !
Apprendre à la lire est un art !
Nous ne disposons pas toujours de prophètes
comme au temps d'Israël !
C'est aussi une grâce qui se demande à Dieu !
« Qu'est-ce que le Seigneur veut me dire
à travers tel ou tel événement

que je suis en train de vivre ? »
Lire les lignes droites de notre vie
à travers les lignes courbes...
pour y découvrir le dessein de Dieu
qui est amour inlassable
pour nous tous !

# Orgueil ou humilité ?

*Ça n'est pas pareil !*

Il ne faut pas confondre
la confiance en soi avec l'orgueil
pas plus qu'il ne faut assimiler
un complexe d'infériorité à l'humilité.

Ce serait une grave erreur
de penser que pour être humble
il faut être insécure et pusillanime.
Et ce serait une terrible méprise
de s'imaginer que l'orgueil s'identifie
à la sécurité personnelle
et à la confiance en ses moyens.

La personne humble connaît ses limites
mais aussi ses qualités.
Elle accepte les deux en vérité
et compose avec elles
pour être heureuse
et rendre les autres heureux.

L'autre doute d'elle-même,
se refuse à tout défi
et se drape du manteau de la fausse humilité
pour ne rien faire
et parfois pour démobiliser les autres.
Cela n'a rien à voir
avec la vraie humilité.

# Équilibre

Tu es en équilibre
chaque fois que tu ne tombes pas,
tout le monde sait cela.
Tu es bien assis dans ton fauteuil :
tu es en équilibre.
Tu marches ou tu montes un escalier :
tu es en équilibre.

Pourtant la différence est énorme.
Dans ton fauteuil, tu n'avances pas.
Dans l'escalier, tu montes.

Les savants disent que l'équilibre peut être
ou statique (le fauteuil)
ou dynamique (l'escalier).

Toute la vie est affaire d'équilibre dynamique.
Car la vie avance, elle marche en avant.

Quand tu marches ou montes l'escalier,
tu risques à chaque pas de tomber.
Mais c'est la condition pour avancer.
Si tu ne lèves pas le pied,
si tu ne prends pas le risque du déséquilibre,
si tu n'as pas l'audace d'essayer,
si tu ne te crois pas capable
de retrouver l'équilibre,
tu resteras toujours cloué sur place !

La vie est faite de risque, d'audace, de confiance.
C'est le prix de la croissance !

# La satisfaction...

*Le bonheur n'a jamais cessé d'être là*
*où il est depuis les temps immémoriaux,*
*dans la satisfaction*
*de la difficulté surmontée,*
*du défi relevé,*
*de l'ouvrage bien fait.*

Jacques Denault

*Je ne suis pas fière des victoires faciles.*

Sylvie Fréchette

*On a une vie à vivre*
*et il faut la vivre pleinement.*
*Foncer, prendre des chances...*
*Aller au bout de soi...*

Buck Rodgers

*Il faut être davantage fier*
*de la façon dont on a patiné*
*que de l'or ou de l'argent.*

Paul Duchesnay

*Il faut travailler dur*
*pour arriver à ce que l'on veut.*

Marquis Grissom

C'est vrai que recevoir des médailles
aux Jeux Olympiques ou au Parlement de son pays
fait toujours plaisir !
C'est une marque de reconnaissance
et cela vous donne une notoriété...
et des contrats importants bien souvent !

C'est vrai aussi que la majorité d'entre nous
ne montera jamais sur un podium
et ne serrera jamais la main
de la reine ou du gouverneur général !

C'est vrai surtout que la satisfaction la plus grande
vient de la paix et de la joie profondes
qui règnent dans notre coeur
quand nous avons trimé dur pour arriver à notre but,
quand nous avons relevé des défis importants,
quand nous avons vaincu des obstacles sérieux,
quand nous avons surmonté des difficultés majeures.
Rien ne vaut ce contentement intérieur,
que nous soyons seuls à le vivre
ou que nous le partagions avec d'autres.

La facilité,
même avec une médaille en bout de ligne,
ne vaut pas ces dépassements magnifiques !

# Les défauts

Qu'elle était belle la mariée
dans sa robe de dentelles,
sous son voile d'épouse toute fraîche !
Mais voilà !
Il y avait sur sa robe,
à la hauteur de la ceinture,
une tache,
une vilaine tache,
que ni les mains habiles de la mère,
ni les plus forts détergents,
n'avaient pu faire disparaître, hélas !
et que le bouquet de la mariée
ne cachait pas toujours !
Alors,
personne ne voyait plus
la beauté de la robe de dentelles
ni le sourire éclatant de la mariée.
Tout le monde ne voyait
que la malheureuse tache.

Il était allé chez le dentiste
se faire extraire une dent.
Et, depuis ce temps,
sa langue était toujours rendue
dans la cavité de sa dent disparue.
C'est comme si elle avait oublié
toutes les dents qui restaient
pour ne se souvenir que de l'absente !

Il a toutes les qualités du monde :
poli, affable, serviable, aimable...
et mettez-en !
Seulement,
depuis quelque temps,
il mange sa gousse d'ail tous les matins
"pour son cholestérol".
Et tout le monde le fuit
comme la peste !

Trop souvent,
nous regardons le monde
par le petit bout de la lorgnette.
Nous nous laissons fasciner
par les petits côtés des gens
plutôt par leurs grands.
Nous voyons les défauts
plutôt que les qualités des gens.
Dans nos relations humaines,
nous faisons des soustractions
plutôt que des additions,
alors qu'en finances
nous faisons exactement le contraire.
Pourquoi ?

# Présence de Dieu

*Je ne suis jamais seul :*
*Celui qui m'a envoyé*
*est toujours avec moi.*

Jean 8, 29.

Dieu ne nous laisse jamais seuls.
Il ne nous abandonne pas.
Il marche avec nous.
Il nous accompagne en tout ce qui nous arrive.
Il s'intéresse au moindre détail de notre vie.
Il nous tient la main...
particulièrement quand nous en arrachons.
Il est beaucoup plus près de nous
que nous ne le pensons,
même au coeur de notre péché.

Croyons-nous cela ?

Bien plus,
Dieu nous aime
d'un amour si puissant et si fort,
qu'il est capable même
de faire surgir du bien
du mal qui nous tombe dessus
et même du mal que nous faisons.

Que ces grandes vérités nous réconfortent
aux jours de grande obscurité !
Et que ces paroles nous apaisent
aux jours de grand malheur !

# Aveuglement...

As-tu remarqué ?
Il y a deux manières de ne rien voir.

D'abord, quand tu es en pleine obscurité :
c'est bien connu !
Mais aussi quand tu es dans une trop grande clarté :
si tu regardes le soleil en pleine face,
tu ne vois rien !

On est donc aveugle
ou dans l'obscurité totale
ou dans la lumière totale !
La vision n'est pas dans les extrêmes.
Elle existe dans les nuances :
ni trop, ni trop peu
de lumière ou d'obscurité !

Personne ne possède
la vérité entière,
la science totale !
Personne non plus n'est complètement ignorant !
Et si tu trouves sur ta route
quelqu'un qui se croit toute lumière
ou se dit toute obscurité,
tu seras aveuglé,
tu ne verras rien !

# C'est comme...

*Je crois que tout le monde*
*peut commettre une erreur.*

Primo Nebiolo

Il suffit de si peu
parfois
pour briser la ligne d'une vie.
Un accident d'auto,
une parole blessante,
un secret trahi,
une erreur,
un échec...

C'est comme
une fausse note dans une partition,
un piano mal accordé dans un orchestre,
un violoniste en mauvaise forme dans un concert...
ou comme
un cheveu dans la soupe,
une chiure d'oiseau sur l'auto fraîchement lavée,
un éternuement sur le gâteau de fête...
ou comme
un chien dans un jeu de quilles,
une pelure de banane sous le pied d'une serveuse,
une guêpe sur le siège de la voiture...
ou comme...

# Cueille le temps

Tu ne peux pas retenir le temps.
Il passe.
Il coule entre tes doigts
comme l'eau de la fontaine.
Il glisse dans ta main
comme le sable de la mer.

Tu ne peux rattraper le passé.
Il n'est plus.
Il s'en est allé
comme le couchant d'hier.
Il est disparu
comme un souvenir perdu.

Tu ne peux emprisonner le futur.
Il n'est pas encore.
Il viendra à son heure
comme le levant de demain.
Il te rejoindra
comme la vague qui s'approche du rivage.

Mais tu peux toujours cueillir le présent
comme un beau présent de Dieu.
Ce présent est comme un grand arbre :
il plonge ses profondes racines
dans ton passé tout plein
de souvenir et d'expérience,
comme une sagesse accumulée.
Et il lance ses longues branches
vers ton futur tout plein
de promesse et d'espérance,

comme un projet emballant.
Le présent est fait
de ton passé qui n'est plus
et de ton futur qui n'est pas encore.

Prend le temps qui t'est donné
à chaque instant qui passe.
Cueille-le précieusement
comme l'eau du ruisseau
qui t'est toujours disponible.

Ne gaspille pas ton temps :
c'est un don de Dieu.
Ne passe pas ton temps
à courir après le temps.
Prends ton temps.
Ne dis pas : je n'ai pas le temps.
Dis plutôt : j'ai tout mon temps.
Ne sois pas avare de ton temps.
Donne de ton temps aux autres
comme Dieu te le donne à toi.
Ne cours pas tout le temps,
prends ton temps.
Et laisse au temps
le temps
de faire son temps.

Alors, tu gagneras du temps.
Et tu découvriras
que c'est beau et bon le temps.

# Pâques

*Je suis parti des ténèbres ;*
*je suis arrivé au soleil !*

Jean Lapointe

*La vie, mon vieux,*
*écoute la vie !*

François Garbit

Pâques !
C'est le printemps !
C'est le bourgeon qui éclate.
C'est la fleur qui sort de terre.
C'est l'oiseau qui revient.
C'est la vie qui repart !

Pâques !
C'est l'hiver qui abandonne.
C'est le froid qui cède.
C'est la glace qui s'émiette.
C'est l'ennui qui s'en va.
C'est la mort qui se retire.

À Pâques,
tu prépares ton champ pour les semailles,
tu souris au poussin, au lapin, au veau, nouveau-nés,
tu savoures le sirop d'érable fraîchement fait,
tu célèbres la vie, la belle vie, la grande vie !

À Pâques,
Jésus ressuscite ;
il fait mourir la mort.

Il fait vivre la paix, la joie, l'amour
au coeur des humains.
Une fois pour toutes.
il donne l'espérance
aux pauvres personnes
que nous sommes.

Quand tu découvres la petite étincelle
qui brille au fond du coeur du pauvre
et que tu y allumes un immense incendie,
tu fais Pâques en cette personne.
Jésus ressuscite en elle
une fois de plus, par toi...
Et c'est très beau !

Quand tu fais pousser des fleurs
au jardin de l'âme du malheureux
et qu'il devient tout sourire,
tu fais Pâques en ce frère.
Jésus revit en lui
encore une fois par toi...
Et c'est très beau !

Quand tu crois en la personne humaine
inconditionnellement,
que tu lui fais confiance
même s'il t'a mille fois trompé,
tu fais Pâques encore et encore !
Jésus vit toujours en lui
par toi...
Et rien n'est plus beau !

Je veux
pour toi et pour Jésus...
de très belles Pâques !

# 3

# Capsules de vie

À coller,
une par une,
sur la porte du réfrigérateur...

Que notre vie
soit plus peuplée
de mercis que de regrets.


Les feux du soleil couchant
sont aussi beaux
que ceux du soleil levant.

Doris Lussier


Laissons les gens
suivre leur chemin.
Ne les "canalisons" pas trop.
tôt ou tard,
ils se rendront bien
jusqu'au fleuve.


On ne peut déplacer
les nuages.


Nous commettons tous des erreurs.
Nous faisons tous aussi de bons coups.


Ne jugeons pas les gens.
Aimons-les tout simplement.

On ne peut tout faire.
Il faut en laisser aux autres.


Chaque service rendu
nous embellit...
en plus d'embellir les autres.


Les honneurs alourdissent
leurs propriétaires.


C'est vrai
que nous sommes
sensibles et fragiles.
La flatterie et l'hypocrisie
coûtent toujours trop cher.


Il y aura toujours
des casse-pieds.
Hélas !


Ne parlons pas comme des livres !


Le respect est la première loi
des rapports humains.

Tôt ou tard,
nous remettrons notre vie à Dieu,
nous nous abandonnerons
entre ses mains.
Pourquoi ne pas commencer
tout de suite ?


Sans confiance,
donnée et reçue,
qu'il est difficile de vivre !


Faisons une belle place à Dieu
dans notre vie de tous les jours.


Nous n'avons qu'un corps :
ne le gaspillons pas trop.
Nous n'avons qu'une terre :
ne la polluons pas trop.


Savons-nous dire merci ?


Que notre avoir
soit un moyen
pour mieux aimer !

Il n'y a pas de pire punition
que de rendre le bien pour le mal.


Il y a des orages inutiles...
Mais il y en a d'autres
qui nettoient l'atmosphère.


Avoir peur
de certaines choses
et même de certaines gens
est un signe de santé.
Mais avoir peur de tout et de tous,
et tout le temps,
c'est être malade.


Ne picossons pas trop !


La discrétion et le discernement
ont toujours leur place
dans les relations humaines.

Ayons autant de racines
que nous avons de panache !

Pensons-y à deux ou trois fois
avant de rompre l'équilibre
d'un environnement
ou d'une personne !

Dieu ne nous abandonne
jamais, jamais, jamais !

La vie est faite
de risque,
d'audace,
de confiance.

Aimons-nous assez ?
Perdre du temps
pour une fleur,
pour un enfant,
pour une personne âgée,
est-ce vraiment en perdre ?

Rien ne vaut
un bon contentement intérieur.

Sommes-nous capables
de prendre du recul
devant les bruits de la vie,
surtout devant nos propres bruits ?


Apprendre à vivre
avec ses imperfections
et celles des autres
est un grand art.


Il y a toujours
quelque part
quelqu'un de plus mal pris
que nous.


Qui peut dire :
« Je n'ai besoin de personne » ?


Les vies les plus belles
sont souvent
les vies les plus simples.


Ne nous prenons pas
trop au sérieux !

Le temps nous est donné
comme un cadeau de Dieu.


Tout est affaire de reflet...


Jamais rien n'est acquis.

René Simard


Si nous achetions les gens
pour ce qu'ils valent vraiment
et si nous les revendions
pour ce qu'ils pensent valoir,
nous serions tous millionnaires !


Mettons l'accent sur les personnes
plutôt que sur les choses !


Ne vivons pas continuellement
sur nos acquis.
Nous serons vite dépassés.
Sachons nous renouveler.

Si nous voulons que les autres
nous endurent,
endurons-les nous aussi.


L'estime des gens
est toujours de mise.


Quelque chose reste de nous.

Jean-Guy Moreau


Ne cherchons pas trop
à être importants.
Ne jouons surtout pas à l'important.


Rêvons un peu
de temps en temps !
Laissons voguer notre coeur
sur le lac de notre âme !


Que notre logis
ne soit pas un bazar
ou un tracé de course à obstacles !

Si nous prenons toute la place,
que restera-t-il pour les autres ?


Mêlons-nous de nos affaires !


Remettons-nous en question
de temps en temps.
Et acceptons
que d'autres nous évaluent.


Ne nous prenons pas
pour d'autres.
Nous avons bien assez
de nous prendre pour nous.


C'est dans la nature du pommier
de donner de bons fruits.
Quel que soit son âge !
Ainsi les humains...


Personne
n'est totalement ignorant.

Ne critique personne
avant d'avoir marché un mille
dans ses souliers.

Proverbe indien

Travaillons à notre perfection.
Mais, même là,
faisons-le de façon raisonnable.

Le temps
est un chemin d'éternité.

Il y a des réalités
auxquelles on ne devrait jamais
s'habituer.

Il faut chausser beaucoup de souliers.

Jean-Guy Moreau

Il suffit d'une seule orange avariée
pour gâter tout le panier.

La vie des humains
est un chemin
aux nombreux tournants.


Personne
ne possède la vérité toute entière.


On n'ose plus aujourd'hui
apprendre aux enfants
qu'à chaque droit correspond un devoir.
Comme la rigoureuse honnêteté,
le respect inconditionnel des autres,
la primauté de l'"être" sur l'"avoir"
ou l'amour gratuit.
Même des ennemis.

Pierre Gravel


Rien n'est plus désagréable
que de vivre
avec des gens "parfaits" !


Retrouver en sagesse
ce que l'on perd en force !

J'aime mieux
un coeur d'or en guenilles
qu'une pie ravageuse
en tenue de soirée.


Le verbe "aimer" ne vieillit pas.

Abbé Pierre


La vraie question n'est pas :
« Qu'est-ce que je vais faire ? »
mais bien :
« Qu'est-ce que je vais être ? »


Ce n'est pas la grandeur
de ce que nous faisons
qui nous rend grands.
C'est l'amour que nous y mettons.


Il y a quelque part
quelqu'un qui a besoin de toi...
qui que tu sois !

Il suffit d'une simple petite pierre
pour énerver toute l'eau du puits.

Là où l'on aime,
on ne travaille pas ;
ou, si l'on travaille,
on aime son travail.

Augustin


N'ayons pas honte de nos fautes.
La honte est le fruit de l'orgueil.
Reconnaissons-les humblement.
Et essayons de faire mieux à l'avenir.
C'est tout.


Vivons dans l'action de grâce
plutôt que dans le remords.


Qui sommes-nous pour juger les autres ?
Regardons-nous donc en premier !


Au-delà des épreuves ou des échecs,
on a toujours quelque chose à gagner.

René Simard

Que ce qui nous empêche
d'agir mal
ne soit pas la simple peur
de nous faire prendre,
mais bien la conviction profonde
que cela, tôt ou tard,
nuira à notre personne
et à celle des autres.


Il n'y a qu'une manière
d'apprendre à prier,
c'est de prier...
même imparfaitement.


Vivons avec notre réel.
Ne faisons pas "comme si..."
C'est la vérité et la réalité
qui font vivre et grandir.


Désencombrons notre maison.
Mais surtout,
désencombrons-nous !


Laissons les gens
faire leur travail
en paix.

Si nous délimitons notre territoire,
sachons que les autres en font autant !


À quoi et à qui
servons-nous ?


Rien ne se perd,
rien ne se crée.
Pas même la poussière !


L'extase
n'est pas réservée uniquement
aux saints et aux drogués !


Le respect,
c'est comme le civisme :
c'est une foule de petites choses.


Il n'y a qu'une manière d'engendrer...
même des idées :
c'est de se départir d'un peu de soi...
humblement !


Ne soyons pas trop curieux !

Ne nous pensons pas plus fins
que les autres !


Il y a des gens
qui ont simplement besoin
d'être à côté de nous...


Ne "varlopons" pas les nuages !


Faisons passer les personnes
avant les choses.


Sommes-nous capables
de lire les lignes droites
de notre vie
à travers ses lignes courbes ?


Nous sommes faits
pour vivre...
en plénitude.
Prenons notre temps !


Si nous faisons des réformes,
ne les faisons pas sur le dos des autres.

**Sommes-nous
lumières
ou éteignoirs ?**


**Un rien peut
nous jeter par terre
ou nous porter aux nues.**


**Quand on balaie,
on soulève de la poussière.
Inévitablement.**


**Nos enfants nous marquent,
nous transforment.**

Suzanne Lévesque


**Prions
à propos de tout et de rien.
Mais prions.**


**Il faut parfois
changer ses "priorités"**
dans la vie.

Ne soyons pas du genre
"jamais content".
Tout en ayant un souci raisonnable
d'améliorer notre condition,
sachons nous contenter
de ce que nous avons
et de ce que nous sommes.
Nous vivrons bien plus heureux.


Ne courons pas
après les honneurs.


Ayons l'âme à la tendresse
et le coeur à la poésie
de temps en temps.


Ne soignons pas trop
notre apparence !
Soignons plutôt
notre coeur !


Rien n'est plus fatigant
que de vivre
avec des Jos-Connaissant !

C'est beau le temps,
c'est plein de Dieu dedans !

J'ai de la haine
pour les actes mauvais des hommes,
mais je ne peux avoir de la haine
pour les personnes.

Abbé Pierre

Prenons le temps !

Le travail ne tue pas.
L'énergie et l'enthousiasme viennent
d'un travail que l'on aime.

Horace Boivin

Quand nous devenons blasés,
quand nous n'avons plus le goût de rien,
cherchons en nous d'abord le pourquoi.
Et, si nous le pouvons,
si nous le voulons,
changeons ce qui doit l'être
dans notre façon de vivre.

C'est dur de se détacher
même de ses "bébelles".
Mais, après,
on est bien plus léger.


Redevenons enfants
de temps en temps.


Si quelqu'un est blessant,
c'est souvent qu'il est blessé.
Alors, il faut être assez magnanime
pour ignorer la blessure reçue
et chercher la blessure de l'attaquant.


Chacun son ouvrage...
et le monde tournera très bien !


Seul l'amour,
donné et reçu,
est capable
de nous transformer.

# 4

# Faits de vie

**La vie nous apprend beaucoup...**

# Comme de bons pommiers

*C'est la gloire de mon Père*
*que vous portiez beaucoup de fruit.*
Jean 15, 8.

C'était un jour
comme seul l'automne sait en fabriquer.
Baignant dans la lumière dorée du soleil,
les arbres de toutes les couleurs
vous peignaient des tableaux
à faire rougir d'envie les plus grands peintres.
Le long des routes,
des comptoirs regorgeaient de fruits et de légumes :
courges, cantaloups, citrouilles et pommes,
surtout de pleins paniers de pommes.
J'en ai profité pour aller faire une promenade
dans les vergers de Rougemont :
des pommiers à perte de vue,
débordant de beaux fruits vermeils.
Ces arbres généreux m'ont fait réfléchir...

Quand le pommier traverse l'hiver,
ce n'est pas, à vrai dire, un bien bel arbre.
Il est bas sur patte.
Ses branches sont souvent tordues,
noueuses et difformes.
Les quelques feuilles qui lui restent
n'ajoutent rien à son apparence.
C'est un arbre rabougri,
à l'air souffrant et triste,
finalement assez peu intéressant à regarder.

Mais, quand arrive le printemps,
cet arbre se métamorphose totalement.
Ses fleurs le décorent magnifiquement
et le parfument bellement.
Pendant ces jours de couleurs et de senteurs,
le verger devient une immense plate-bande :
il réjouit le regard et caresse l'odorat des passants.
Puis, petit à petit, les pétales tombant
tout autour du tronc
tissent un tapis superbe
qui n'a rien à envier à ceux d'Orient.

Durant l'été,
l'arbre emploie toute son énergie
à fabriquer ses pommes.
Il entre dans une phase un peu terne,
ses pommettes se confondant presque
avec le vert de ses feuilles.

Puis arrive l'automne
avec son foisonnement de couleurs.
Pendant que les autres arbres
s'affairent à se teinter les feuilles,
le pommier, lui, pratique en champion
l'art de la générosité.
C'est là en effet qu'il est à son meilleur.
Ses branches se penchent jusqu'à nos mains
sous le poids de ses fruits éclatants
qui se détachent clairement
sur le fond sombre de ses feuilles.
On dirait que le pommier n'existe que pour cela :
nous donner ses pommes,
réjouir notre regard
et satisfaire notre appétit.

C'est beau des pommiers chargés de pommes.
C'est beau un verger plein d'arbres productifs.
C'est beau aussi des humains chargés de fruits.
C'est beau une communauté
remplie de chrétiens féconds.

# Le respect

*J'admire quelqu'un*
*qui est capable de dire à l'autre*
*ses quatre vérités.*

Patrick Roy

Daniel avait travaillé fort
toute la semaine.
Malgré ses vingt ans,
il était vraiment fatigué.
Il décida d'aller passer sa soirée au cinéma :
le film western qu'on y annonçait
le reposerait et le détendrait.
Il arriva dix minutes avant la projection,
choisit minutieusement sa rangée
et se canta profondément dans son siège.
Il avait déjà commencé à savourer son repos
quand arrivèrent, tout excitées, deux adolescentes
à la langue plus que bien pendue :
elles s'amusaient, insouciantes,
à parler de tout et de rien,
à rire à gorges déployées.
Au surplus, elles s'étaient assises
dans la même rangée que Daniel,
à quatre ou cinq fauteuils du sien.
Il se dit qu'elles se tairaient
dès le début du film.
Mais, tel ne fut pas le cas :
elles continuèrent de plus belle
leur joyeux bavardage,
sans se douter, j'en suis sûr,
qu'elles dérangeaient leurs voisins.

Pourtant elles auraient dû capter,
comme autant de signaux avertisseurs,
les toussotements des uns
et les regards obliques des autres.

N'y tenant plus,
Daniel se leva de son siège
et alla se planter droit devant elles.
Et, les yeux en feu,
il leur dit leurs quatre vérités.
Elles furent un instant interloquées.
Mais elles n'osèrent pas répliquer
et se turent immédiatement,
en affichant un air assez piteux.
Daniel retourna à sa place
sous les regards approbateurs des voisins
et même sous les applaudissements de quelques-uns.
Mais sa soirée était définitivement gâchée
et son repos bien amoché.

Le respect,
c'est comme le civisme,
c'est une foule de petites choses.

# L'orage

*Bienheureux les doux,*
*ils posséderont la terre.*

Matthieu 5, 4.

*Plus fait douceur que violence !*

Jean de la Fontaine

Il avait fait une chaleur accablante...
Une humidité à couper au couteau...
Pas la moindre petite brise pour rafraîchir !
Un temps mort, lourd, pesant...
Un soleil de plomb...
Puis les nuages s'amoncelèrent dans le ciel,
masquant le soleil,
noircissant le firmament !
Un plafond de salon funéraire !
Il faisait un calme plat,
le calme qui précède la tempête.
Au loin, les premiers coups de tonnerre retentirent...
Des éclairs zigzaguèrent dans le ciel...
Le vent s'éleva rapidement.
La pluie se mit à tomber,
douce au début,
puis de plus en plus violente.
L'orage éclata, magnifique !
Une heure durant !

Après l'orage,
l'air était pur et sec :
ah ! qu'on respirait bien !
la température avait baissé de plusieurs degrés :

ah ! qu'on se sentait bien !
une brise légère caressait l'atmosphère :
ah ! que c'était doux !
un bel arc-en-ciel s'étirait au-dessus de la montagne :
ah ! que c'était beau !

Mais, après l'orage aussi,
des arbres avaient été brisés,
des fleurs étaient courbées,
des branches jonchaient le sol,
une petite remise s'était écrasée.
Dommage !

Depuis quelques jours,
l'atmosphère du bureau devenait
de plus en plus irrespirable :
le patron se cachait derrière des dossiers épais ;
les employés évitaient de se trouver sur son chemin ;
plus de taquineries, plus de "bonnes histoires" ;
plus de rires, plus de sourires ;
rien que des relations de travail,
formelles, fonctionnelles ;
on se parlait par monosyllabes :
« Oui, non, merci, s.v.p. »
Une atmosphère de fin de film western !

Puis, un certain matin,
les signes avant-coureurs de la tempête
se montrèrent le bout du nez.
Le patron s'attaqua d'abord à sa secrétaire :
il lui fit retaper une lettre trois fois
"pour des virgules mal placées dans le texte" ;
ensuite il réprimanda un chef de département
pour un document
qui "aurait dû être sur ma table depuis trois jours" ;

puis il passa ses remarques
sur le café qui n'était pas bon
et qui "pourtant ne demande pas un cours classique
pour être bien fait".
Décidément, il n'était pas d'humeur
à se faire marcher sur les pieds :
non seulement il avait l'air bête
mais il l'était !

Au dîner,
les employés échangèrent leurs commentaires,
d'abord avec humour et ensuite avec humeur !
L'orage éclata à la pause-café de l'après-midi.
Ce fut en son genre un magnifique orage !
la colère fit monter la tension de tous ;
on crut que la cravate du patron allait l'étouffer
tellement il était rouge !
Les injures et les bêtises résonnèrent
comme des coups de tonnerre !
Les moqueries et les sarcasmes se promenèrent
à la vitesse de l'éclair !
On en serait venu aux coups
si les plus sages ou les plus fatigués
n'avaient filé à l'anglaise,
laissant finalement le patron tonitruer tout seul !

Le lendemain,
il fallut faire le bilan de la tempête :
des employés demandèrent à rencontrer le patron
pour lui remettre leur démission ;
la secrétaire en chef ne se présenta pas au travail.
Alors le patron se mit à réfléchir... !
Il convoqua une réunion de tout le personnel :
il s'excusa, on s'excusa ;
il admit ses torts, on admit ses torts.

Calmement,
dans un climat rafraîchi,
on fit la liste des griefs respectifs
et des solutions souhaitables.
Des comités furent chargés d'appliquer les solutions ;
La secrétaire revint au travail.
Il n'y eut pas de démissions.
Et la vie reprit son cours normal...
comme aux plus beaux jours de l'année.

Il y a des colères nécessaires ou tout au moins utiles.
Le Christ lui-même en a fait une couple
assez spectaculaires !
Il y en a d'autres qui ne servent à rien
sinon à détruire tout et tous !

Si tu es en colère tous les jours,
c'est comme si le temps était toujours à l'orage :
tu n'es pas normal ;
il faut te réajuster, mon vieux !
Si tu es un peu comme tout le monde,
tu dois te fâcher de temps en temps,
comme la température !
Que tes colères soient de "bonnes" colères,
qui purifient l'atmosphère trop lourde
mais qui ne laissent pas trop
d'arbres cassés sur le terrain !
Et si tu peux
négocier plutôt que te fâcher,
régler à l'amiable plutôt que par un coup de nerfs,
être zéphyr plutôt qu'ouragan,
c'est tant mieux !

# Ruminer

J'étais allé animer une retraite
dans une maison située sur les bords du St-Laurent
et au coeur d'une campagne verdoyante.
Dès que nous mettions le pied dehors,
des bateaux glissant sur notre beau fleuve
et des vaches broutant paisiblement le trèfle
et le mil captaient notre regard.

Lors d'un entretien, je disais aux retraitants
comme il est important de "méditer"
la Parole de Dieu,
surtout l'Évangile et encore plus l'Évangile
que l'Esprit saint nous donne chaque jour à la messe,
de "ruminer" cette Parole en quelque sorte,
pour mieux la goûter et pour mieux l'approfondir.

Et alors les vaches,
qui nous tenaient presque compagnie,
me servirent d'inspiration.
Tout le monde sait que les vaches "ruminent" :
on le voit bien au mouvement constant
que leurs mâchoires font
de droite à gauche et de gauche à droite.
Bien que je m'y connaisse fort peu
en matière de "rumination" des vaches,
ayant été élevé "sur l'asphalte",
je me souviens quand même qu'au collège
on nous enseignait que
les vaches ont quatre estomacs
et que la rumination consiste
à mâcher et remâcher les aliments

avant de les avaler pour de bon.
Vous voyez bien la leçon que j'en ai tirée :
je dis aux retraitants
que ce serait bien profitable pour nous
si nous pouvions devenir des "vaches spirituelles"
c'est-à-dire des êtres capables de "ruminer"
la Parole de Dieu,
de la retourner en notre coeur,
de la mâcher et la remâcher,
pour mieux la savourer et mieux la digérer.
Et la retraite continua son petit bonhomme
de chemin.

De retour chez moi,
j'eus la surprise de retrouver dans mon courrier
une petite carte postale
accompagnée d'un grand "poster".
Sur la carte, on pouvait lire :
« Tes "vaches" de St-X te saluent... »
Et, sur le poster,
il y avait une magnifique tête de vache.
Vous savez, cette belle vache
des producteurs de lait du Québec :
une marguerite dans la gueule
(avant de la "ruminer" sans doute !),
une autre entre les deux oreilles,
une cloche en or au cou
et une boucle multicolore sur la tête.

Je crois bien que mes retraitants n'ont pas oublié
l'image et l'enseignement qui s'y rattachait...,
et qu'ils se sont arrangés fort aimablement
pour me le faire savoir !
Ah ! si nous devenions nous aussi
de merveilleuses "vaches spirituelles" !

# Madame Pimbêche

*On doit être assez courageux,*
*assez responsable,*
*quand on fait une bêtise,*
*pour ne pas accuser les autres.*

Felipe Alou

Jacquot s'amuse comme un petit fou
dans la cour familiale.
Il n'a qu'une balle de tennis,
et encore elle est toute usée.
Mais elle fait toute la joie de ses cinq ans.
Il la lance bien haut dans le ciel,
saute et saute encore,
et court récupérer la balle.
Et le manège recommence
autant de fois que Jacquot le veut bien.

Vient un moment
où il lance sa balle si haut
qu'il la perd de vue
et, ô malheur, elle va choir
dans la cour de la voisine,
juste sous le nez de madame Pimbêche,
qui plante ses pieds de tomate dans son potager.
Vite elle saute sur la balle
comme une lionne sur sa proie.
Elle s'approche de la haie mitoyenne
et foudroie Jacquot du regard :
« Tu ne l'auras plus ta balle,
ça t'apprendra à la lancer chez les voisins. »
Jacquot est mitraillé

par les yeux de fusil de la voisine
et il a peur de sa mandibule en trou-de-poule.
Il se met à pleurer de toutes ses forces
et court se réfugier dans les bras de son père.
Madame Pimbêche met ses deux bras sur ses hanches
et marche d'un pas décidé jusque chez son voisin.
À vrai dire, si ses talons avaient été des pioches,
elle aurait creusé un double sillon sur le sol
jusqu'à la porte de Pierre, le paternel de Jacquot.

– Vous n'êtes pas capable d'élever vos enfants
comme du monde !
Je la garde votre balle !
Comme ça, j'aurai la paix !
– Madame, vous n'avez jamais eu d'enfant ?
Un enfant est un enfant !
Il n'a pas fait exprès,
vous le savez très bien !
Faites-vous-en un ami
au lieu de lui faire de la peine !
– Non, il faut qu'il apprenne
à respecter la propriété d'autrui !
– Madame, gardez-la votre balle
et mettez-vous-la où je pense !
Et laissez-nous la paix !

Il y aura toujours des casse-pieds,
des briseurs de joie d'enfants !
Et c'est bien dommage !

Alors qu'il serait si simple
de marcher un peu sur sa colère et son orgueil,
faire la paix et rendre les autres heureux
et, du même coup,
devenir soi-même un peu plus heureux !

# L'esseulé

*La vie n'est pas toujours facile.*
*Mais, l'affection des gens,*
*je l'interprète comme un appui.*

Jean Béliveau

*Il faudrait avoir le temps*
*de s'asseoir à côté de celui qui mendie.*

Abbé Pierre

C'était un beau soir d'été :
le soleil était encore haut dans le ciel
mais ses rayons dardaient moins drus.
J'étais agenouillé dans mes plates-bandes,
occupé à "éclaircir" des pétunias et des oeillets...

Il arriva sur la pointe des pieds
sans que je m'en rende compte.
Il se tenait là debout à côté de moi.
J'étais tout attentionné à mon travail de nettoyage...
Il devait être dans la trentaine.
Je ne l'avais jamais rencontré
et je n'avais aucune idée d'où il sortait...

– Bonsoir ! je peux faire quelque chose pour vous ?
– Non, merci ! j'ai juste besoin d'être avec quelqu'un !
– Voulez-vous un café ? un verre d'eau, une limonade?
– Non, non, ne parlez pas, continuez de travailler ;
j'ai seulement besoin d'être à côté de quelqu'un !

Je repris donc mon travail.
Il resta là près de moi tout simplement.

Quand j'entrai à la maison,
il me demanda s'il pouvait me suivre.
– Oui, bien sûr !
Il s'assit dans la berceuse de la cuisine
et il se balança de longues minutes...
Puis, soudain, il se leva,
me serra la main
et me dit : « Merci beaucoup !
Vous m'avez beaucoup aidé ! »
Et il repartit pour je ne sais où.

Qui dira le secret de cet homme ?
chagrin d'amour ?
tristesse de la vie ?
solitude insupportable ?
découragement ?
ou simple curiosité ?
Et qu'est-il venu chercher chez moi ?
Qui sait ?

# La nature et Dieu

*On trouve dans la nature*
*les traces de Dieu.*

Parole des anciens maîtres

*Moi, je préfère aller dans le bois.*

Jean-Luc Brassard

*La quiétude de la nature*
*est le calmant de Dieu.*

Joseph F. Girzone

C'est le printemps :
la nature se réveille de son long sommeil d'hiver.
Regardez les fleurs sortir de terre :
le simple pissenlit de vos pelouses,
l'humble pourpier de vos plates-bandes,
les belles marguerites des champs.
Voyez les arbres fabriquer
leurs bourgeons, leurs feuilles, leurs fleurs.
Écoutez les ruisseaux fredonner leur douce musique
à travers les glaces et les boules de neige.
Observez les oiseaux, revenus de leurs migrations,
s'affairer à construire leurs nids pour leurs petits.

C'est un bon temps
pour vous payer une belle promenade
dans le bois ou sur la montagne.
Vous êtes-vous déjà adossés
au tronc d'un grand hêtre ou d'un robuste érable ?
Essayez : vous sentirez la solide énergie

qui les a sortis de l'hiver
vous pénétrer jusqu'au fond de votre être.

Quand vous aurez marché un bon coup,
asseyez-vous au pied d'un arbre ou sur un rocher...
pour vous reposer, vous l'avez bien mérité,
mais surtout pour écouter le silence des bois.
Le grand saint Jean de la Croix allait jusqu'à parler
de la "musique du silence" !
Au début, vous n'entendrez rien...
mais petit à petit vous percevrez le chant d'un oiseau,
vous entendrez le frou-frou d'un écureuil
zigzaguant dans les feuilles mortes,
peut-être même surprendrez-vous
le pas discret d'un chevreuil entre les arbres,
ou encore vous laisserez-vous ravir
par la mélodie d'une source d'eau vive.

Cette musique des bois, presque silencieuse,
vous envahira peu à peu :
elle entrera en vous
par tous les pores de votre peau...
Vous vous sentirez bien, bien, bien.
Le silence extérieur créera tout doucement en vous
un silence bienfaisant :
la vague du lac de votre âme diminuera
graduellement ;
vos bruits intérieurs
(inquiétudes, haines, pensées négatives, etc.)
se tairont tranquillement ;
la lumière chassera vos ténèbres,
la paix éliminera vos guerres,
l'amour évanouira vos rancunes...

Peut-être même qu'au milieu de cette nature
splendide et calme,
au milieu de votre coeur apaisé,
vous vous surprendrez, qui sait ?
à découvrir Dieu lui-même
qui habite le centre même de ce silence.
Et alors, tout naturellement,
montera du fond de votre être
une prière de louange et de paix.

C'est une expérience plénifiante,
croyez-moi,
que de trouver Dieu
dans le spectacle de la nature
et au coeur de son coeur.

# Le chien d'Isidore

*L'humour n'est que le nom profane*
*de la vertu d'humilité.*

Un matin froid d'octobre,
Isidore trouva sur le pas de sa porte,
un petit berger allemand,
sans doute abandonné ou perdu,
et qui ne demandait rien d'autre
que de se trouver un maître à aimer et à protéger.

Isidore, n'écoutant que son grand coeur,
et, après avoir non sans difficulté
convaincu Amanda, sa femme,
décida de l'accueillir chez lui.
Il lui donna du temps et de l'affection,
comme s'il avait été son enfant.
Isidore et Brandy
— c'est le nom qu'il lui donna —
formaient une belle paire d'amis.

Un soir, Amanda tomba malade.
Isidore jugea plus prudent
de faire venir le docteur.
À huit heures précises,
Yvon arriva avec sa trousse.

C'est là que des choses imprévues se produisirent.
Comme d'habitude,
Brandy prenait le frais sur le perron.

Comme d'habitude,
quand arrivait un étranger,
il se leva pour aller saluer "la visite".
Yvon, qui est un grand médecin,
n'a jamais réussi à contrôler sa peur des chiens.
C'est son cauchemar.
Il était à peine sorti de sa voiture
que le chien courut à sa rencontre.
Yvon eut si peur
qu'il courut bien vite se réfugier dans sa voiture.
Isidore rattrapa aussitôt Brandy
et le tint solidement par son collier.

« N'ayez pas peur, docteur.
Brandy n'est pas mauvais.
Il n'a qu'un an.
Et puis, ajouta-t-il narquois,
il est trop bien élevé
pour s'attaquer à un docteur ! »

Et Yvon de répliquer encore tout apeuré :
« Oui, d'accord !
Mais il ne sait pas
que je suis un docteur ! »

Isidore en rit encore !

# Assez...

Que de fois, à chaque jour,
le mot "assez" se retrouve sur nos lèvres !
Et sur tous les tons !
Parfois c'est pour dire
que nous avons *assez* de soupe ou de dessert...
ou *assez* de travail pour ne plus fournir à la besogne !
Ou encore pour signifier
que nous en avons *assez* de la vie
quand elle nous presse
ou nous stresse trop à notre goût.
Ou bien pour traduire notre insatisfaction
ou notre colère
devant certains comportements :
*Assez* ! Etc., etc.

Voici trois beaux exemples.

Pascale est haute comme trois pommes.
Elle n'est qu'en deuxième année à l'école.
Mais déjà elle a fait connaissance avec son ami Jésus.
L'autre jour, Louise, son professeur de religion,
lui a demandé :
« Est-ce que tu aimes Jésus ? »
Et Josée a répondu très sérieusement :
« Oui, mais pas *assez* ! »
C'est plus qu'une belle réponse,
c'est tout un programme
et un beau désir !

Le Père Carré est un dominicain français.
Il est aux antipodes de Pascale :
cheveux tout blancs,
aumônier de la colonie artistique française,
prédicateur à Notre-Dame de Paris,
membre de l'Académie française.
Un grand homme-prêtre.
Une sorte de vieux sage.
Le P. Carré a publié son journal
dans un livre absolument savoureux :
il y raconte sa vie d'aumônier, de prédicateur...
On sent tout au long du livre
un souffle merveilleux d'amour de Dieu et des gens,
une sorte de passion pour tout vivant,
un feu intérieur qui lui brûle le coeur
et qui le fait s'écrier :
« Je n'aimerai jamais *assez.* »
C'est là le titre de son livre,
c'est surtout le plan de sa vie,
celle d'ici-bas et celle d'après-ici-bas.
Quel magnifique itinéraire de vie
et quel splendide idéal,
tout pleins d'Évangile !

Gilles, un ami de vieille date,
m'est tombé dessus l'autre jour
à l'angle d'une rue.
Nous nous sommes vite retrouvés au restaurant
à causer autour d'un bon café.
Gilles, comme à son habitude,
me parla de ce qui fait sa vie :
sa famille, son travail, son cheminement personnel...
Gilles a passé par les méandres difficiles
de la toxicomanie.
Mais, avec l'aide de bons amis et de la grâce de Dieu,

il a fini par s'en sortir "un jour à la fois".
Aujourd'hui, c'est lui qui rend le même service
à ses frères et soeurs.
Il me disait en me fixant dans les yeux :
« Quand j'arriverai à la fin de ma vie,
j'aimerais pouvoir répondre "oui" à la question
que Dieu me posera sans doute :
As-tu aimé *assez* ? »
La vie de Gilbert est pleine d'amour et de sens,
je le sais.
Mais cela m'a fait chaud au coeur
de l'entendre me le redire.

Et nous ?
Aimons-nous ?
*Assez* ?

# La victime

*Il était dédaigné, ignoré,*
*la victime,*
*le souffre-douleur,*
*devant qui on se cache le visage,*
*méprisé, laissé de côté.*

Isaïe 53, 3.

*Rien ne me surprend jamais.*

Jean Lapointe

C'était au temps de la guerre de Corée.
Elle vivait seule avec son petit garçon de dix ans,
dans l'amitié et la considération de ses voisins.
Survint un régiment de soldats
qui établit son campement à l'orée du village.
Une nuit qu'elle dormait paisiblement
dans sa maison,
elle fut violentée et violée par des militaires
sous les yeux horrifiés de son jeune fils.

À partir de ce moment,
elle devint la honte du village.
Tout le monde se mit à la montrer du doigt.
Quand elle allait à la fontaine puiser de l'eau,
les femmes la fuyaient et détournaient leur regard.
Elle qui avait subi la violence en son corps
fut aussi violentée en son coeur
par ses propres concitoyens.

Elle en arriva à ne plus être capable de gagner sa vie,
au point de devoir elle-même se prostituer
pour survivre avec son fils.
Elle qui aurait dû mériter la pitié des siens
ne reçut que dégoût, mépris et rejet.

Comment cela peut-il être ?

( d'après le film *L'étalon d'argent* )

# Un grand orme

*Tout est affaire d'équilibre.*

Tout près de chez moi,
au beau milieu d'un champ de blé,
trône, majestueux, un grand orme.

Immense bouquet !
Panache superbe !
Au bout d'un tronc puissant et paisible !
Merveille d'harmonie, de beauté, de fierté !

Et quel équilibre !
Sur un seul pied !
Oui, bien sûr !
Mais il y a tout ce qu'on ne voit pas :
les racines.
Quand on a la tête au vent,
à plus de vingt mètres du sol,
il faut avoir pied solide
et racines intrépides.
Les botanistes disent
que l'étendue des racines
équivaut à celle du feuillage.
Et les colons,
qui font feu d'abattis,
savent ce que c'est que d'essoucher un orme !

Le tronc fait l'équilibre et le pont
entre les deux bouquets :
l'aérien et le souterrain.

Et de ses deux extrémités,
ce géant se nourrit :
les feuilles font la synthèse de la lumière,
la "chlorophylle", disent les savants ;
et les racines puisent dans le sol
les matières organiques.

De tous les points de cette beauté,
la vie se déploie.
De l'extérieur comme de l'intérieur,
l'arbre grandit.
Du visible comme de l'invisible,
il s'épanouit.
Pas d'arbre sans feuillage,
pas d'arbre sans racines,
pas d'arbre sans tronc qui les unit.

Chef-d'oeuvre magnifique
que la nature généreuse
nous donne gratuitement !

Il m'est avis
que la vie des humains tirerait grand avantage
à ressembler à mon grand orme.

Plus on a de panache, d'envergure,
plus on a besoin de bonnes racines.
Plus on produit,
plus il faut de réflexion et de repos.
Briller devant tous par l'éclat de ses exploits,
c'est bien !
Mais il faut aussi,
dans l'obscurité du terreau de sa chambre
ou de l'église,
se ressourcer aux sucs de l'étude et de la prière.

Et toujours dans un bel équilibre !
Si nous ne sommes qu'action,
nous produirons un beau feuillage
pour un temps ;
mais nous finirons par nous faner,
par nous assécher,
et nos feuilles tomberont !
Car nous pousserons sur du béton !

Même les chercheurs, les contemplatifs,
ne sont pas faits pour étudier ou prier
à longueur de journée !
Ils ne sont pas que racines !
Il faut qu'ils se reposent,
qu'ils fassent de l'exercice,
sous peine de s'ankyloser dangereusement.

Tout est affaire d'équilibre !
Travail et étude,
action et réflexion,
labeur et repos,
solitude et vie sociale.

L'équilibre de nos vies
n'est jamais une affaire acquise
une fois pour toutes !
Il est toujours à faire...
comme le marcheur
qui doit lever le pied
chaque fois qu'il veut avancer !
C'est là le prix à payer
pour réaliser en beauté
le projet de nos vies.

# Tempête d'hiver

*Paix sur terre à l'humanité qu'il aime !*
Luc 2, 14.

C'était, si ma mémoire est bonne, en 1978.
Vous savez cet hiver qui nous a donné une tempête
comme il y en a une à tous les vingt ans !

À cause d'une panne d'électricité générale
et prolongée,
mes voisins et moi avions dû nous réfugier
dans la maison d'un cultivateur des environs.
Il était le seul à posséder un foyer
dans le salon de sa grande maison.
Nous nous étions tous retrouvés
à coucher sur le plancher,
entassés comme des sardines autour du feu de bois.
Ce dortoir improvisé nous fut bien utile
durant deux nuits.
Nous étions bien contents de profiter
de la bonté de ce cultivateur et de son épouse.
Il faut dire que leur hospitalité avait été bien grande
puisque nous étions sûrement une bonne vingtaine,
hommes, femmes et petits enfants.

Le temps passait
et la tempête ne "déblanchissait" pas.
Et, avec le temps,
la patience faiblissait et les nerfs s'émoussaient.
En plein milieu de la deuxième nuit,
un bébé se mit à pleurer très fort.
Il nous réveilla tous.

La maman essayait bien de le calmer.
Mais plus elle essayait, plus il criait.
De guerre lasse, elle le mit presque de force
dans mes bras :
« Prends-le, je suis rendue à bout. »

Je me retrouvai avec un tout petit bébé
tout contre moi.
Je ne sais pas ce qui se passa ;
mais subitement il cessa de pleurer
et il s'endormit tout doucement dans mes bras.
Tout le monde s'en trouva bien content,
moi le premier.

Une grand-maman me dit :
« Ta paix intérieure s'est communiquée à lui ;
c'est pour cela qu'il s'est calmé si vite.
S'il ne dormait pas dans les bras de sa maman,
c'est qu'elle était fatiguée
et que cela énervait son enfant. »
À vrai dire, je ne suis pas spécialiste
ni des bébés à endormir
ni de la paix qui se communique à eux.
Cependant, ce souvenir m'a fait réfléchir.

Si, en effet, nous accueillions Jésus
en le serrant tout contre notre coeur,
peut-être pourrions-nous lui communiquer
ce que nous vivons,
en positif et en négatif ?
Je suis sûr qu'il le prendrait :
n'est-ce pas pour cela
qu'il est venu et vient encore sur la terre ?
Pour notre bonheur et notre paix ?

Et si, par un heureux retour des choses,
c'était lui qui nous communiquait
sa paix et sa joie intérieures,
si c'était lui qui nous permettait
de mieux être et de mieux vivre avec lui
et avec les autres...
Oh ! sûrement nous nous empresserions
de lui ouvrir nos bras
pour qu'il se repose calmement tout contre nous,
de le bercer tout doucement
pour qu'il s'endorme en sécurité.

Et la tempête de nos vies,
la poudrerie de notre monde,
deviendraient peut-être plus faciles à supporter.
Peut-être même trouverions-nous de nouvelles forces
pour bonifier nos existences
et de nouveaux espoirs
pour adoucir notre terre qui en a tant besoin !

# « C'est personnel... »

*Il faut réapprendre*
*à respecter la vie privée des gens.*

    Roger Lemelin

Rosette a la langue bien pendue,
l'oeil curieux
et l'oreille toujours tendue.
Elle aime tout voir,
tout entendre,
et tout savoir.
Des fois, trop !
Elle s'informe de choses
qui ne la concernent pas !
Et alors,
elle s'expose à des réponses
aussi saugrenues qu'inattendues :
« Cela est personnel... !
Cela ne te regarde pas... !
Veux-tu te mêler de tes affaires ? »

Olivier est journaliste de profession.
Forcément, il court après les nouvelles.
C'est son métier !
Quand il en manque,
il fait des entrevues
avec des personnes bien en vue.
À sa manière,
il est devenu une sorte de spécialiste
en ce genre de travail.
Le problème,
c'est qu'à force de questionner les gens,

parfois il va trop loin
et devient même indiscret.
Il veut tout savoir d'eux :
leurs habitudes, leurs manies,
leurs phobies, leurs loisirs,
leurs maladies, leurs fréquentations, etc.
Parfois il se fait dire poliment
de respecter la vie privée des gens ;
d'autres fois, il se fait répondre vertement :
« De quoi vous mêlez-vous ?
Vous n'avez pas le droit
de me poser ce genre de question... ! »

La discrétion et le discernement,
qui sont très proches parents,
sont toujours de mise
dans la vie,
surtout quand il s'agit
de la vie privée des gens.

# Un bon Samaritain

*Un homme tomba aux mains de brigands...*
*Vint à passer un Samaritain :*
*il fut pris de compassion...*

Luc 10, 30. 33.

Petit Jean a six ans.
Mais, c'est déjà un homme.
Surtout quand il se compare à sa petite soeur Nancy
qui, elle, n'a que deux ans et demi.

L'autre jour, Nancy s'est avisée
de monter sur l'une des chaises
qui entourent la table de la cuisine.
Et puis, une fois partie,
pourquoi pas monter aussi sur la table ?
Sitôt pensé, sitôt fait.
Durant tout le temps de son escalade,
Nancy, trop occupée à ce qu'elle faisait,
n'a pas eu peur du tout.
Mais, une fois debout sur la table,
voilà qu'une belle frousse s'est emparée d'elle.
De se voir si haut juchée et surtout de constater
qu'elle ne savait plus comment redescendre
lui a fait battre le coeur bien vite.
Elle s'est mise à pleurer et a crié bien fort à l'aide.
Pauvre Nancy !

Petit Jean, qui se trouvait tout près,
a vite réalisé l'urgence de la situation.
Tout doucement, il est monté sur la chaise,
a tendu les bras à sa petite soeur,

l'a serrée tendrement tout contre lui
et l'a déposée sur la chaise.
Puis, il est descendu de la chaise
jusque sur le plancher
et de là il a répété le même manège.
Et Nancy, elle aussi, s'est retrouvée toute souriante
sur le plancher de la cuisine,
sauvée par son "grand" frère Jean.
Elle a vite sauté au cou de son sauveteur
et l'a spontanément embrassé
avec affection et reconnaissance.
Et tous deux étaient bien contents.

Petit Jean a dit ensuite à sa maman
en bon philosophe qu'il était :
« Il fallait bien que je l'aide :
elle est bien plus petite que moi. »

Ah ! s'il n'y avait dans le monde
que des histoires aussi simples
que celle de Nancy et de Petit Jean,
comme ce serait facile de jouer au bon samaritain !
Sans doute.
Mais, s'il y avait dans notre monde
plus de petits Pierres
qui viennent en aide a toutes sortes de Nancys,
comme la terre serait plus ronde
et comme elle tournerait mieux !

# Lucille au théâtre

Lucille a entendu parler d'une pièce
à l'affiche au théâtre de son quartier.
Une pièce qui fait parler d'elle :
en bien mais aussi en mal.
Les uns la trouvent superbe,
les autres la "descendent" à qui mieux mieux.
La curiosité de Lucille n'en a été que plus piquée.
Elle a donc décidé d'aller la voir.

Mais auparavant elle est tombée
sur une critique très négative
qu'elle a lue avec avidité.
Si bien qu'en arrivant au théâtre,
son idée était déjà faite sur la pièce en question.
Elle y est entrée avec un préjugé fort défavorable,
méfiante, les "deux pieds sur le frein".
De fait, ça lui a pris "tout son petit change"
pour rester jusqu'à la fin.
Et quand elle est sortie,
elle était de bien mauvaise humeur.

Il aurait sans doute mieux valu
que Lucille aille au théâtre en étant "au neutre",
qu'elle se fasse une opinion personnelle
en visionnant la pièce
et qu'ensuite elle la confronte aux autres critiques.

# C'était...

C'était un magnifique sous-bois :
les sapins géants faisaient la cour
aux épinettes coquettes,
les érables saluaient gentiment les frênes
tous les matins,
et les merisiers troquaient leurs merises
contre les glands des chênes.
Les oiseaux lançaient leurs joyeux trilles
de branches en branches,
les écureuils se prélassaient sur les lits de mousse
au pied des grands arbres,
et les papillons coloriaient gaiement
cet océan de verdure.
La nature ici avait poussé dans un équilibre parfait :
tout était accordé,
pas une seule fausse note !
Une mélodie forestière digne du meilleur Mozart !
Une symphonie d'ombre et de lumière !
Une harmonie de silence et de bruits veloutés !

Puis, vint l'homme.
Il décida de transformer ce sous-bois
en parc à pique-nique.
Il coupa ici un chêne, là un frêne.
Il trancha sans pitié des épinettes et des sapins.
Les écureuils, effrayés, s'enfuirent
dans le sous-bois voisin.
On ne vit plus de papillons.
Les oiseaux cessèrent de chanter.

Des accords essentiels furent retranchés
à la symphonie.
Le sous-bois en devint si énervé
qu'il en fit une dépression.
L'équilibre fut rompu.
Au bout d'un an,
les plus beaux arbres se mirent à dépérir.
On avait à tout jamais brisé leur environnement.

Quel dommage !

C'était un quartier très vivant de la grande ville :
les voisins se connaissaient tous,
les soirs d'été on dansait dans les rues
et l'hiver on se visitait de maisons en maisons.
Quand il y avait une naissance ou un mariage,
on fêtait l'événement ensemble.
Quand il y avait de la mortalité,
tout le monde était là pour sympathiser.
C'était comme une grande famille
où chacun s'appuyait en confiance sur l'autre.

Puis vinrent les urbanistes.
Les autorités avaient décidé
de démolir les vieilles maisons du quartier
et de construire quelques gratte-ciel
pour favoriser le développement de la ville...
Les enfants virent le bélier mécanique
écraser la maison
où étaient nés leurs parents, leurs grands-parents
et leurs arrière-grands-parents.
La ruelle, où ils avaient appris à jouer
et à se faire des amis,
s'effondra.

Peu à peu,
le quartier se vida.
Les grandes avenues nouvelles
étaient désertes le soir.
Le béton, froid et impersonnel, avait remplacé
la chaleur des foyers.

Plus de vie !
Plus de fête !
Le grand concert de la fraternité était fini !
La source du partage était tarie !
Le tissu humain était déchiré à jamais !

Quel dommage !

# Fragiles et sensibles !

*Nous sommes si fragiles...*
*et si sensibles !*


Il faut bien peu de choses
pour nous retourner à l'envers
ou pour nous remettre à l'endroit.
Tout allait bien pour Paul.
Mais voilà qu'en jouant au ballon avec ses voisins
il fit un faux mouvement et se tourna le pied.
Entorse à la cheville.
Douleur, enflure, bandage sévère,
deux semaines à ne pas pouvoir marcher.
Cette blessure influença son caractère.
Et son caractère mit du "piquant"
dans la vie de toute la famille.

Édouard a pris sa retraite il y a quelques mois.
Il vit avec sa femme, Georgiana,
dans leur grande maison.
Ils s'entendaient bien et vivaient bien
jusqu'au jour où Édouard,
qui avait passé une bien mauvaise nuit,
se plaignit des oeufs que Georgiana avait "manqués",
selon ses dires.
Sa femme ne le prit pas,
elle qui les avait fait cuire comme à l'ordinaire.
Toute la journée,
ils se boudèrent et se parlèrent juste
pour le nécessaire.

Depuis leur mariage,
Vania et Sébastien vivaient heureux
dans un trois et demi au deuxième étage
d'une petite maison modeste mais confortable.
Mais voilà qu'un autre couple loua le premier étage.
Depuis ce temps, c'est l'enfer.
C'est qu'ils ont un petit chien qui jappe
aussi fort qu'un gros danois
à propos de tout et de rien.
Et Vania et Sébastien sont sur le "gros nerf"
jour et nuit.

C'est vrai que nous sommes fragiles... :
un simple petit caillou dans notre soulier suffit
pour que nous marchions tout croche.

Marguerite vit toute seule
dans un Foyer pour personnes âgées.
La visite de Léonie, une amie de longue date,
même si elle fut bien courte, lui fit plaisir.
Et, par ricochet,
la joie de Marguerite se communiqua à Léonie.

Vania et Jean-Louis forment une belle petite famille
avec leurs deux petits enfants.
Claire et Maurice ont pris le souper avec eux
l'autre jour
au milieu d'un bouquet de pompons
qu'ils avaient acheté chez la fleuriste pour l'occasion.
Ce fut une belle soirée.
Ils sont tous de bons amis depuis leur enfance.
Et ça leur fait toujours plaisir
de se retrouver ensemble.

Philippe, jeune sans-travail, vit du bien-être social
et est plus souvent malade qu'en santé.
André arrêta chez lui
le saluer quelques minutes en passant.
Philippe le remercia du fond du coeur
pour son arrêt
et pour la prière qu'ils firent ensemble.
Et cela leur fit du bien à tous les deux.

C'est vrai que nous sommes sensibles.
Une simple fleur dans notre main suffit
pour que nous nous mettions à danser.

# Les cerfs-volants

*Si vous ne devenez*
*comme des petits enfants,*
*vous n'entrerez pas*
*dans le Royaume des cieux.*
Matthieu 18, 3.

C'est la saison des vents,
c'est aussi celle des cerfs-volants.

Sébastien s'en est fabriqué un :
quelques éclisses de bois léger,
un peu de polythène,
quelques boucles de papier pour la queue
et une corde bien longue.

Et à l'assaut du vent !
Sébastien court,
son cerf-volant à bout de bras.
Le cerf-volant commence à monter.
Il s'élève dans le ciel plus haut,
toujours plus haut.
Sébastien donne de la corde
et son engin valse dans le firmament.
Il fait des pirouettes,
décrit des arabesques,
tourne et virevolte,
pique parfois du nez,
mais toujours suit les caprices du vent.

Et, à l'autre bout du fil,
il y a un petit enfant heureux,
content de lui-même.
Nouveau maître du ciel,
astronaute en herbe !
Et, un peu plus loin,
il y a des parents et des amis
qui ne se lassent pas
de suivre les fantaisies de ce nouvel oiseau
et la course ingénue d'un enfant...
et qui se surprennent à penser :
« Si nous redevenions enfants, nous aussi,
un peu, un tout petit peu ! »

# Pittbull

Billy, un ami à moi,
possède un magnifique pittbull :
fourrure dorée, oeil étincelant,
vif comme l'éclair,
fort comme un boeuf.

Lors d'une visite chez lui,
j'ai fait la connaissance de ce molosse.
Billy le tenait en laisse
au bout d'une solide chaîne.
D'habitude, je n'ai pas peur des chiens.
Mais, à vrai dire, celui-là m'a impressionné.
C'est surtout sa mâchoire qui attire l'attention :
on pourrait presque dire
que ce chien est tout en mâchoire.
« Deux mille cinq cents livres de pression,
me dit fièrement Billy ;
quand il mord,
il te fracasse les os ;
et, le pire, c'est qu'il ne démord pas :
sa mâchoire demeure barrée.
Tu comprends,
il vaut mieux l'avoir de ton bord !
Approche, tu peux le flatter.
Il n'est pas mauvais,
il n'a que neuf mois ;
il pèse seulement trente-cinq kilos.
Je le dresse pour qu'il soit doux ! »

Je m'approchai de Ben,
— c'est le nom du chien —
et le flattai doucement sur la tête.
De fait, il resta bien calme ;
il voulut même me lécher les doigts.

À la réflexion,
je me disais que certaines personnes
ressemblent au pittbull de Billy.
Quand elles mordent,
elles ne démordent plus ;
elles finissent par vous démolir même.
Il vaut sans doute mieux les avoir de son bord
que contre soi.
Mais pas à n'importe quel prix cependant :
la flatterie,
l'hypocrisie,
coûteront toujours trop cher !

Souhaitons
que nous ne soyons pas nous-mêmes de cette race
et que nous n'en rencontrions pas trop souvent
sur notre chemin.

# Transparence

*Voici un vrai Israélite :*
*il n'y a rien de faux en lui.*
Jean 1, 47.

Je baptisais Priscilla, l'une de mes petites-nièces.
Il y avait beaucoup d'enfants à la célébration.
Un baptême, c'est toujours une expérience "spéciale"
pour les petits :
faire une petite croix sur le front du bébé,
voir l'eau couler sur sa tête,
se rassembler autour de l'autel...
Que voilà des choses extraordinaires dans leur vie !
Pour l'occasion, nous avions justement choisi
l'Évangile des petits enfants
qui s'approchent de Jésus
pour qu'il les touche
et que les apôtres rabrouent un peu trop
au goût du Maître (Marc 10, 13-16).
Les apôtres devaient les trouver
un peu trop "tannants" :
c'est pourquoi ils leur faisaient des reproches.
J'expliquais que Jésus s'était fâché contre ses apôtres,
qu'il leur avait dit de laisser les enfants venir à lui
et même que les grandes personnes
devaient leur ressembler
si elles voulaient entrer dans le Royaume des cieux.

Juste devant moi,
me regardant de ses grands yeux verts,
se tenait Alexandre, petit espiègle de six ans.
Il écoutait religieusement le récit évangélique

que je commentais.
Subitement, je lui demandai :
« Toi, Alexandre, est-ce que ça t'arrive
d'être "tannant" ? »
Il n'hésita pas une seconde
et me répondit avec un grand sourire :
« Oh ! oui, je suis "tannant" souvent. »
Et sa maman, assise juste derrière lui,
me faisait des grands signes de tête
me confirmant avec conviction
qu'Alexandre disait bien vrai.

Que j'aime cette transparence d'Alexandre !
Je peux souhaiter,
comme les apôtres et la maman d'Alexandre,
que les enfants soient moins "tannants"
de temps en temps.
Mais, je comprends Jésus qui aimait leur compagnie
et qui demandait qu'on leur ressemble un peu.
Être transparent comme du cristal !
Que c'est beau !

Le lendemain, je reçus dans mon courrier
une lettre d'une personne
à qui j'avais donné ma confiance.
Hélas, sa lettre me montrait que je m'étais trompé.
Pour reprendre l'Évangile,
elle m'avait dit "oui"
mais elle avait fait "non" (Matthieu 21, 28-31).
Cela me déçut profondément
et me fit beaucoup de peine.

Bien sûr, on n'a pas à juger les gens.
Mais il faut bien reconnaître
que certains comportements manquent
de transparence,
qu'ils sont opaques,
qu'ils ressemblent à du cristal sali...
Comme c'est dommage !

Je terminai ma journée à la prison
où je travaille comme aumônier.
Je passai la soirée à rencontrer des détenus
qui voulaient causer avec moi à mon bureau.
Marco, qui vint me voir le dernier,
me dit en s'assoyant droit devant moi :
« Je ne te conterai pas d'histoires,
tu as devant toi un voleur ! »
Voilà qui est clair et net !
Je ne peux approuver le vol, c'est certain.
Mais comme je suis bien disposé à écouter un type
qui m'avoue sans détours ce qu'il est !

J'aime la transparence !
Celle des vitres! Celle du cristal !
Mais surtout celle des personnes !
Car alors, elles sont comme les petits enfants !

Et, ma foi, je pense que malgré tout le Seigneur aime
qu'elles s'approchent de lui...
et que le Royaume est à la portée de leurs mains !

# Extase

*Je connais quelqu'un dans le Christ*
*qui, il y a de cela quatorze ans,*
*— était-ce dans son corps,*
*était-ce hors de son corps ?*
*je ne sais pas,*
*mais Dieu le sait —*
*fut ravi jusqu'au ciel ;*
*et là, il entendit des paroles ineffables*
*qu'il n'est permis à personne de répéter.*

2 Corinthiens 12, 2-4.


*Chaque homme,*
*et chaque femme,*
*est merveilleux.*

Jean Lapointe


Ils arrivèrent chez moi
un beau samedi d'automne.
Patrick et Mélanie, son épouse,
sans être de mes amis intimes,
sont de bonnes connaissances.
Je m'affairais à ramasser
les feuilles mortes sur la pelouse.
Ils me dirent simplement :
« Nous aimerions te parler un instant.
As-tu deux minutes ? »

Je laissai mon balai de métal
sur le tas de feuilles.
C'est autour de la table du jardin
que la rencontre eut lieu.

Ils s'assirent en face de moi
mais si bas qu'ils s'accroupirent
presque à mes genoux.
Ils étaient bien ainsi.

Puis ils me dirent :
« Il y a quelques jours,
nous avons vécu une expérience merveilleuse,
que nous voudrions te raconter.
C'était à la maison,
dans la tranquillité du soir.
C'est comme si nous avions été projetés
hors de nous-mêmes,
comme si nous n'avions plus eu de pesanteur.
Nous avons éprouvé alors un bien-être immense,
un état de paix et de joie intenses.
C'était si bon que nous aurions voulu
que cela dure toujours.
Et nous étions prêts à mourir
pour que ce bonheur ne finisse jamais.
La semaine qui suivit fut inoubliable.
Jamais de toute notre vie
nous n'avons vécu autant en profondeur.
Il nous semble
que nous avons touché du doigt Dieu lui-même
ou plutôt que Dieu nous avait attirés à lui.
Depuis cette expérience extraordinaire,
nous avons hélas retrouvé le terrible pouvoir
de l'attraction terrestre.
Mais nous avons la nostalgie de ce voyage.
Nous avons — comment te dire ? —
le mal de Dieu ! »

Puis ils se turent,
demeurant toujours accroupis devant moi.
Leurs yeux regardaient les miens
intensément.
Une grande paix et une grande joie
se dégageaient de tout leur être.
C'était beau à voir
et bon à vivre.
Il n'y avait rien à dire ou presque.

« C'est une extase que vous avez vécue,
leur dis-je tout simplement.
C'est une grâce de Dieu
puissante et merveilleuse.
C'est aussi un avant-goût du ciel.
Heureux êtes-vous ? »

Ils me dirent merci,
me serrèrent la main
et reprirent tranquillement leur route..

# 5

# Prières

**Unifier son vécu
dans un dialogue avec le Seigneur...**

# Espoir

*Je mets mon espoir dans le Seigneur,*
*je compte sur sa Parole.*
Psaume 130, 5.

Chausser des bottes de sept lieues,
Monter sur un rayon de feu,
Me promener sur un nuage,
Pour m'envoler jusqu'aux étoiles...

Me pâmer pour une fleur sauvage,
Suivre le vol d'un papillon bleu,
Me baigner dans l'eau du ruisseau,
Pour ne jamais prendre de l'âge...

Boire à la source de tous les vents,
Lancer au ciel des ballons blancs,
Tenir en laisse un cerf-volant,
Pour me garder l'âme légère...

Écouter le chant des oiseaux,
Cueillir le rire des enfants,
Lancer des notes jusqu'au ciel,
Pour m'habiller le coeur de fête...

Et te trouver à tout moment,
Au coin du feu ou au torrent,
Au creux du coeur des humbles gens
Comme au plus vif de tout mon être...

Voilà ce que je veux, ce que j'espère !
Vivre avec toi à coeur de jour,
Te rencontrer à coeur d'amour,
Te retrouver à tout carrefour...

Reste avec moi et prends ma main,
Je suis à toi, je ne crains rien,
Tu me rassures, tu me protèges,
Je suis si bien auprès de toi...

Seigneur, sans toi, je ne suis rien,
Mais avec toi, je vis en paix,
Tu me fais signe à tout chemin,
Ne t'en va pas !

# Je suis fatiguée

*Depuis toujours, Seigneur,*
*tu es un Dieu plein d'amour et de tendresse.*
Psaume 25, 6.

Seigneur, je suis fatiguée.
Je viens de finir le grand ménage :
deux semaines à laver, à frotter, à cirer.
Si jamais je rencontre
l'inventeur de la poussière,
j'aurai deux mots à lui dire.
Si au moins c'était fait une fois pour toutes,
mais c'est toujours à recommencer.
Des fois, je me décourage,
je me tanne et je me fâche même.

Mais, j'y pense :
toi aussi, tu devrais te fatiguer
de nous voir nous empoussiérer
si souvent et si régulièrement.
Et pourtant, je le sais par expérience,
tu es toujours prêt à recommencer avec nous.
Tu es quand même extraordinaire
de nous endurer
avec toutes nos saletés
et de nous aimer assez
pour nous purifier sans cesse de nos malices.

Toi, la patience en personne,
viens au secours de la mienne.

Amen.

# Prière simple

*Je compte sur ton amour.*
Psaume 13, 6.


Seigneur,
au-delà de mes misères,
de mes faiblesses,
de mes blessures,
je t'aime !
Et je sais
que je peux compter sur toi
en tout et pour tout !
Merci bien !

# « Ma belle terre... »

*Je te propose aujourd'hui*
*la vie ou la mort...*
*Choisis donc la vie !*

Deutéronome 30, 19.

*Rien de ce qui existe ne vous appartient.*
*Et, ce que vous en prenez,*
*vous devez le partager.*

Proverbe amérindien

O Dieu,
aux premiers jours de ta création,
tu as dit à l'homme et à la femme :
« Je vous donne ma belle terre,
avec tout ce qu'elle contient.
Domestiquez-la,
c'est-à-dire développez-la,
faites-la produire, faites-la grandir. »
Tu n'as pas dit :
« Salissez-la, détruisez-la, polluez-la ! »
Non : « Développez-la ! »

Regarde ce que nous en avons fait :
le progrès nous a donné du confort,
des commodités, du luxe même.
Mais, en même temps,
nous avons produit des pluies acides,
des poissons intoxiqués, de l'air vicié...
Nos poumons sont encrassés,
nos foies sont engorgés,
nos nerfs sont déréglés...

La nature est si belle,
que je ne la salisse pas !
L'air est si pur,
que je ne le pollue pas !
L'eau est si bonne,
que je ne la gaspille pas !

Que je choisisse
la beauté plutôt que la laideur,
la propreté plutôt que la saleté,
la conservation plutôt que la destruction,
la vie plutôt que la mort.

Amen.

# Je ne sais plus te prier

*Seigneur,*
*apprends-nous à prier.*

Luc 11, 1.

Seigneur,
je ne sais plus te prier.
Je n'en ai plus le goût.
Je n'en sens même plus le besoin.

Petit à petit,
sans que je m'en rende trop compte,
j'ai pris mes distances face à toi.
Avant, je te faisais mes prières
matin et soir.
Et même durant la journée,
je pensais à toi.
Tu étais ma magnifique obsession
et mon compagnon de voyage habituel.

Mais, aujourd'hui,
je me surprends à penser
que je n'ai plus besoin de toi.
Et il est rare que je m'arrête
pour penser à toi,
pour t'adresser un bon mot
ou une demande.
C'est triste à dire :
j'ai appris à me passer de toi.

Le travail à faire,
les occupations et les préoccupations,
la nécessité de vivre,
ont eu raison de mon amitié avec toi.

Ce soir,
je ne sais trop ce qui m'a pris.
Je me suis arrêté un peu
pour te le dire.
C'est peut-être que ça me manque,
que tu me manques,
qu'il y a encore en moi
une petite étincelle de toi
qui refuse de mourir.
Viens rallumer ma flamme.
Au fond, tu le sais,
je ne pourrais me passer de toi.
Je ne le sais que trop,
j'ai grand besoin de toi.

Amen.

# Merci, Seigneur !

*Rendez grâce au Seigneur,*
*car il est bon ;*
*son amour n'a pas de fin.*
Psaume 135, 1.

*Je ne manque jamais une occasion*
de me rapprocher du Seigneur.
Horace Boivin

Pour les fleurs qui offrent leur sourire,
pour le blé qui pousse sans rien dire
et pour les fruits qui bientôt vont mûrir...
Merci, Seigneur !

Pour la source qui se donne à boire,
pour la brise qui rafraîchit le soir
et pour les étoiles qui brillent dans le noir...
Merci, Seigneur !

Pour les moucherolles qui font des ronds dans l'eau,
pour les hirondelles qui patrouillent là-haut
et pour les écureuils qui ne courent jamais trop...
Merci, Seigneur !

Pour les bateaux de papier qui flottent sur l'étang,
pour les cerfs-volants qui se balancent au vent
et pour les trains de bois qui glissent sur les bancs...
Merci, Seigneur !

Pour les pique-niques à la campagne,
pour les randonnées à la montagne
et pour les noces même sans champagne...
    Merci, Seigneur !

Pour les jeux des enfants,
pour les amours des jeunes gens
et pour la sagesse des parents...
    Merci, Seigneur !

À toi, le Maître de la Nature,
à toi, la Beauté toute pure,
à toi, l'Amour sans souillure...
Puissance, honneur et gloire... à jamais !

# Avant le travail

*Seigneur,*
*enseigne-moi*
*la route que tu m'indiques.*
Psaume 27, 11.

Seigneur,
dans un moment,
je vais entrer au travail.

Je vais retrouver
Élise qui est très nerveuse de ce temps-ci,
Vincent qui a tendance à vouloir tout mener,
Julien qui supporte mal la taquinerie,
Lucie qui est trop lente à mon goût.

Donne-moi d'être
calme avec Élise,
compréhensif avec Vincent,
prévenant avec Julien,
patient avec Lucie.
Donne-moi surtout de voir
le dévouement d'Élise,
l'esprit d'initiative de Vincent,
la disponibilité de Julien,
le souci de la perfection de Lucie.

Donne-leur
la capacité et l'amour de m'endurer,
car moi non plus je ne suis pas parfait,
je le sais mieux que personne !

Donne-nous à tous
de nous aider les uns les autres,
de nous aimer de mieux en mieux à chaque jour,
afin que,
par notre travail et notre amitié,
ton Visage soit mieux connu et aimé
et le monde se porte mieux.

Amen.

# Positif

*Je remercie le Seigneur
pour tout.*

Psaume 34, 1.

Seigneur,
apprends-nous
à voir le beau côté des gens
plutôt que leurs défauts,
à apprécier l'aspect positif de la vie
plutôt que de nous laisser abattre par le négatif.

Apprends-nous aussi
à accepter nos défauts et ceux des autres
comme autant d'ombres
qui font davantage ressortir la lumière.

Amen.

# Maladie

*Le Seigneur est mon pasteur,*
*je ne manquerai de rien.*

Psaume 23, 1.


*Il y a une grandeur dans la maladie...*
*L'humain est nu,*
*sans carapace.*
*C'est très beau.*

Gisèle Besner


Seigneur,
tu t'es penché sur la douleur du paralytique,
tu as rendu la lumière aux aveugles,
tu as fait marcher les boiteux,
tu as fait entendre les sourds,
tu as soulagé les fiévreux.

Si tu le veux, guéris-moi,
car tu le peux.
J'ai confiance en toi.

Et, si, par un mystérieux dessein de ton amour,
il vaut mieux que je ne guérisse pas,
donne-moi la force et la foi
d'accepter ma maladie.

Amen.

# Je voudrais être un saint

*Je fais le mal que je ne veux pas,*
*et je ne fais pas le bien que je voudrais !*

Romains 7, 19.

*Quand tu étais jeune,*
*c'est toi qui attachais ta ceinture*
*et tu allais où tu voulais ;*
*quand tu seras vieux,*
*tu étendras les mains,*
*et c'est un autre qui attachera ta ceinture*
*et te conduira là où tu ne voudrais pas.*

Jean 21, 18.

*Dans ces lieux arides,*
*j'ai rencontré un saint.*
*Je ne dis pas un être parfait.*
*Je ne dis pas un homme sans péché et sans faiblesse.*
*Je dis un saint.*
*C'est-à-dire quelqu'un à travers qui passe la lumière*
*comme à travers un vitrail de cathédrale.*
*Cette lumière m'a atteint...*
*C'était un homme*
*dont le coeur passé au laminoir*
*s'était ouvert totalement à Dieu.*
*Il vivait dans la lumière*
*et il a projeté un peu de sa lumière sur moi.*
*À son contact,*
*j'ai connu une grande paix :*
*je me suis peigné l'âme.*

Gérard Blais

Seigneur,
par-delà mes insouciances,
mes bêtises,
mes péchés,
tu sais que de tout mon être
je veux devenir un saint.

Mais voilà !
D'un côté,
je m'évertue
à faire le bien,
à prier le mieux possible,
à être utile aux autres,
bref à être un bon chrétien.
De l'autre côté,
je me retrouve plus souvent qu'autrement
avec mon mauvais caractère,
avec mon égoïsme,
avec mon orgueil,
avec mes lâchetés.

J'ai beau essayer
de me corriger,
de m'améliorer.
Il me semble, des fois,
que j'empire !

Seigneur,
que la sainteté est difficile !

*Mon fils,*
*tu veux devenir un saint ?*
*Bravo !*
*Mais tu t'y prends mal :*
*tu veux être un saint*

*à ta manière,*
*selon ton idée.*

*Généreusement,*
*tu t'es mis à la tâche.*
*Et c'est très bien.*
*Mais, jusqu'ici,*
*c'est toi qui conduis la barque de ta sainteté.*
*Pas étonnant que tu n'avances pas vite*
*et que tu restes sur ton appétit !*

*Laisse-moi faire.*
*Fais-moi confiance.*
*Laisse-moi t'aimer.*
*Laisse-toi aimer*
*doucement,*
*aveuglément,*
*passionnément.*

*Tu sais,*
*la sainteté,*
*c'est mon affaire,*
*c'est ma préoccupation !*

*Pour toi,*
*contente-toi*
*de t'abandonner à Moi*
*au fil de tes jours.*
*Je ne te laisserai jamais.*
*Je t'aime !*

# S'abandonner

*Seigneur,*
*redis-moi ta tendresse...*
Psaume 25, 6.

Seigneur,
je suis en sécurité avec Toi.
Donne-moi de sentir
ta main dans la mienne
et surtout
de ne pas la lâcher
les jours
où j'aurai envie
d'en faire à ma tête,
de conduire ma vie sans Toi.
Que je me fie à ta Parole,
que je découvre les signes
que tu me fais à chaque jour,
que je m'abandonne à Toi en tout
comme le petit enfant
qui tient la main de son père
sur tous les chemins,
que je me repose
en ton amour paternel.

Amen.

# J'ai péché

*Aie pitié de moi,*
*Seigneur,*
*en ta grande bonté.*

Psaume 51, 3.

*On a tous commis des petites fautes...*
*On n'est pas des anges...*

Jean Lapointe

Seigneur,
encore une fois,
j'ai péché.
J'ai cédé aux impulsions du moment
et j'ai blessé mon frère
en plus de t'offenser
et d'ajouter un cran
à mon égoïsme et à mon orgueil.

Je sais
que tu m'aimes toujours
et que tu vas me pardonner
une fois de plus.
Mais, parfois,
j'ai le sentiment d'abuser de ta bonté :
c'est trop facile
de se faire pardonner toujours
et de recommencer ensuite !

Du fond de ma misère,
jette un regard de tendresse sur moi.
Que la chaleur de ton coeur
brûle mon âme tiède !
Que la douceur de ton pardon
assouplisse mon coeur endurci !
Que je sente ta main paternelle
sur mon épaule
au coeur même de mes bêtises !
Que je sache de façon certaine
que tu es toujours près de moi !

Et ne permets pas
que je reste longtemps
loin de toi.
Ramène-moi à toi
pour toujours.

Amen.

# Reflet

*Seigneur, j'annonce tes merveilles.*
Psaume 71, 17.

Seigneur,
que je renvoie une bonne image aux gens
quand ils me regardent,
quand ils me parlent,
quand ils travaillent avec moi,
quand ils m'aiment
et même quand ils me haïssent...
Que je reflète une image positive
au travail,
à la maison,
aux loisirs...
afin qu'avec moi
les gens soient le plus heureux possible !

Aide-moi aussi
à lire positivement les gens que je rencontre,
particulièrement les personnes
qui m'aiment,
qui dépendent de moi,
qui travaillent et vivent avec moi,
et même qui me détestent à l'occasion...
Que je découvre l'image
qu'ils veulent me renvoyer !

Oui, que je pratique l'art du reflet positif,
celui que je donne et celui que je reçois !

Amen.

# Lassitude

*Dites à Dieu ce qui vous inquiète ;*
*Il est pour nous un abri.*

Psaume 62, 8.

Seigneur,
je ne sais plus où je vais,
je tourne en rond,
je piétine sur place.

Tout allait bien pour moi,
j'avais du goût à travailler,
les projets ne manquaient pas.
Le désir de vivre,
de produire,
je l'avais.

Mais voilà qu'une tuile m'est tombée sur la tête.
Ma santé a flanché aussi,
tant il est vrai
qu'un malheur ne vient jamais seul.

Me voici devant Toi
vidé,
anéanti,
sans enthousiasme,
sans but.
Je me cherche...
Je Te cherche...
Où veux-tu me conduire ?
Qu'est-ce qu'il y a dans ton coeur pour moi ?

Donne-moi
de Te reconnaître
à travers les chemins de ma vie,
de porter ma croix avec la tienne,
de découvrir ce que tu attends de moi dans ce tunnel.

Ne me quitte pas !
J'ai tant besoin de toi !

Amen.

# Lumière

*La noirceur n'est pas ténèbres pour toi*
*et la nuit est aussi claire que le jour est lumière.*

Psaume 139, 12.

Seigneur,
éclaire nos nuits
et mets de l'ombre à nos soleils.
Donne-nous de voir la lumière
présente en nous tous,
qu'elle soit simple, humble fanal
ou puissant projecteur.

Que jamais nous ne soyons éblouis,
que toujours nous soyons éclairés !
Que jamais nous ne soyons aveuglants,
que toujours nous soyons éclairants !

O Toi,
lumière très sereine,
ombre très douce !

Amen.

# À la fin du jour

*Seigneur,*
*je me remets en tes mains.*

Psaume 31, 6.

Seigneur,
me voilà à nouveau devant Toi
en cette fin de journée.

Que de labeur depuis quelque temps :
les jours n'en finissent plus d'apporter
plus que leur quantité de travail ;
à force de besogner sans répit,
on ne voit plus le temps passer...
C'est cette somme de travaux
que je dépose à tes pieds ce soir.

Prends-la dans tes mains,
ces mains qui ont béni,
qui ont caressé les enfants,
qui ont guéri,
qui ont travaillé.

Pose ta main sur moi.
Serre-moi contre ton coeur.
Que je sache qu'en travaillant pour les autres,
c'est pour Toi que je travaille.

Amen.

# Espérance

*Je voudrais rester chez toi*
*pour toujours.*

Psaume 61, 5.

*À mesure que l'on s'approche*
*de l'"autre monde",*
*on se détache peu à peu*
*des intérêts terrestres*
*pour investir dans les valeurs éternelles.*

Doris Lussier

*J'espère*
*qu'il y a quelque chose après...*

Patrick Roy

*Vient un jour où la vie apparaît bien courte...*
*Il ne s'agit pas de savoir*
*ce que les gens pensent de nous*
*mais bien ce que Dieu pense de nous.*

Billy Graham

Seigneur,
je sais que je vais mourir
très bientôt.

Quand je regarde
dans le rétroviseur de ma vie,
j'ai surtout envie
de te demander pardon.
J'ai tant de choses à regretter

et à me faire pardonner.
J'ai fait tant de mal,
trop de mal,
bien plus que de bien.

Et pourtant,
au-delà de tout ce qui m'appesantit,
malgré tout ce qui me retient encore
à cette terre,
je sais,
j'en suis tout à fait sûr,
que tu m'attends.
C'est comme si tu me disais :
« Je t'ai vu,
ta vie durant,
te débattre entre le bien et le mal,
entre le vrai et le faux ;
et, à travers tout cela,
j'ai vu que tu voulais venir à moi
comme le fer vient à l'aimant.
Je veux que tu saches
que je n'ai cessé de t'aimer,
que je t'aime encore
et que t'aimerai toujours. »

Alors,
Seigneur,
je m'approche de toi
avec assurance.
Je n'ai pas peur.
J'ai confiance.
Même si je suis indigne de ton amour,
je veux te le dire,
à la nuit tombante de ma vie,
je n'ai jamais mis mon coeur

en quarantaine.
Je t'aime, moi aussi,
et je veux t'aimer toujours.

Et, plus fort que le pardon
que je ne cesserai de te demander,
monte de mon coeur
un sentiment d'action de grâces.
Merci, merci, merci !
Tu m'attends
sur le pas de ta porte,
les bras grands ouverts
comme un père attend son fils.
Et tu me dis :
« De toute éternité,
j'attends cette rencontre.
Viens,
nous sommes faits
pour vivre ensemble.
Viens, viens, viens ! »

# Références
## des principales citations

BLAIS, Gérard. *Un cri dans le désert*, Le Griffon d'argile, 1987.

CARRÉ, A.-M. *Je n'aimerai jamais assez*, Cerf, 1988.

GARAUDY, Roger. *Mon tour du siècle en solitaire*, Robert Laffont, 1989.

GIRZONE, Joseph G. *Joshua*, Libre Expression, 1992.

GUITTON, Jean. *Un siècle, une vie*, Robert Laffont, 1988.

LA FONTAINE, Jean de. *Fables*, GF-Flammarion, 1966.

PIERRE (Abbé). *Testament*, Bayard-Éditions, 1994.

ST-EXUPÉRY, Antoine de. *Le petit prince*, Gallimard, 1967.

Les autres citations sont tirées d'articles de journaux (majoritairement de La Presse) et de revues.

La citation de Billy Graham est faite de mémoire d'après son "eulogie" prononcée aux obsèques de Robert Nixon.

# Index

# Table des matières